نردبان مژه

- حشمت تائب -

Barmakids Press

Barmakids Press, Toronto Canada.
www.Barmakids.com
info@Barmakids.com

Copyright © 2024 by Barmakids Press

ISBN: 978-1-7381011-7-7

All rights reserved. No part of this book may be reproduced, stored in a retrieval system or transmitted in any form or by any means – electronic, mechanical, photocopying, and recording or otherwise – without the prior written permission of the author or the publisher, except for brief passages quoted by a reviewer in a newspaper or magazine. To perform any of the above is an infringement of copyright law.

Available from major online stores.

شناسه کتاب

نام کتاب: نردبان مژه
شاعر: حشمت تائب
ناشر: انتشارات برمکیان
سال چاپ: ۲۰۲٤ میلادی

حقوق تألیف و چاپ این کتاب محفوظ و نقل مطالب آن به هر عنوان و ترتیب بدون اجازۀ کتبی نویسنده و یا ناشر ممنوع است.

BARMAKIDS PRESS

فهرست

معرفی شاعر ۱
مقدمه (گیتار خیال) ۳
هارون راعون

بخش اول (غزلیات) ۷
صبح نادمیده ۹
تلاش ۱۰
ندا ۱۱
دوست ۱۲
نجوا ۱۳
رسن ۱۴
هواداری عشق ۱۵
حسرت ۱۶
وحدت ۱۷
باد سرگردان ۱۸
مستی ۱۹
هوای بوسه ۲۰
زبان چشم ۲۱
گوشمال ۲۲
آستان درد ۲۳
گشاده چشمی ۲۴
فراخوان ۲۵
مستی ۲۶

دریا	۲۷
ترنم شام	۲۸
شب	۲۹
کوی یار	۳۰
خلوت خم	۳۱
قطار چندمین	۳۲
شاخ رقصان	۳۳
معبر مبهم	۳۴
سنگ و آب	۳۵
دست عشق	۳۶
حرف پیر	۳۷
جوش خاطر	۳۸
نگاه	۳۹
گیتار خیال	۴۰
کوی عیاران	۴۱
جنون	۴۲
غریو مولوی	۴۳
پاییز	۴۴
آن سو تر...	۴۵
گوهر زبان	۴۶
دل	۴۷
حسن و شرم	۴۸
بیم نبودن	۴۹
بذر زندگی	۵۰
زخم های تکرار	۵۱

ساز خجلت	۵۲
زاغ ابرو	۵۳
راه دگر	۵۴
گرداب	۵۵
حال و هو!	۵۶
فرار از توهم	۵۷
خلوت و آیینه	۵۸
رویایی شب	۵۹
أمل	۶۰
تفکیک	۶۱
بهار عاشق	۶۲
غربال فلک	۶۳
خلوت	۶۴
غسلی زدم ٠٠٠	۶۵
جادوگر	۶۶
نگاه ذهن	۶۷
حباب	۶۸
دام	۶۹
آدمی!؟	۷۰
شوریدگی	۷۱
رویای عمر	۷۲
کوچه‌ی کودکی‌ام	۷۳
خیل واژه ها!	۷۴
نقش دستان خرد	۷۶
نظاره	۷۷

لب دریا!	۷۸
گل و بوسه	۷۹
نقش پی در دشت	۸۰
ساقی	۸۱
بی‌کسی	۸۲
حرف دل	۸۳
خیال خوش	۸۴
امید	۸۵
بانوی سحر	۸۶
زلف غزل	۸۷
مادیان دهر!	۸۸
دست دعا	۸۹
بخش دوم (تک‌بیت سرایی)	۹۱
تک‌بیت سرایی!	۹۳

معرفی شاعر

حشمت تائب(١٩٥٠م) متولد بغلان افغانستان - تحصیلات ابتدایی وعالی را در بغلان و متعاقبن تحصیلاتش را تا سطح ماستری در زراعت انجام داده است. خدمات پیوسته از سال١٩٧٠ بدیسو با مطبوعات و رادیو تلویزیون کشور داشته است.

به‌قول خودش «من با زبان طبیعت و مردم زیسته و اندیشیده ام و شعر من بازتاب آن طبیعت است، از همه گویش‌ها، پندارها و روان سیلان و پرجوشی که در متن مردم است، متاثر بوده‌ام.

پدرم ابراهیم حیرت از نخبگان و شاعران دوران مشروطیت بودند. اصول و قواعد شعر را از کودکی از ایشان آموختم - سرزمین سرسبزبغلان، باغ‌ها وجویبارها، مردم پرمهر، فضای رویش و دهقانی، زمینه کتاب خوانی در ایام جوانی ١٩٥٠-١٩٧٠م.، طبع مرا با الهام از شعر می‌پرورد، آنچه می‌نوشتم پدرم اصلاح و ویرایش می‌کردند.

نشر این مجموعه که قسمتی از آثارمنست و به‌دست صاحبنظران می‌افتد، به نوعی بیان نوستالژیک ذهن من در دو دهه اخیر بوده وبمثابه خشتی بر بنیاد احساسم گذاشته می‌شود، چه بسا که بزرگواران نقادانه با آن برخورد بفرمایند، خیلی برایم نشاط انگیز است»

انتشارات برمکیان

مقدمه

گیتار خیال

شعر باید تلنگری باشد به گیتار خیال، تا ترنم لذت را در مخاطب به خروش آورد. به تایید بیتی از سرایشگر این سروده ها حشمت تایب که می گوید:

شعری که نزد پنجه به گیتار خیالت
دستی ست که چون غنچه فشارد پر و بالت

از دید من نیز، شعر نوازشگر روان آدمی ست و هرچه بیشتر از تخیل و هنر بهره ور باشد، به همان میزان درصدی سکر آن افزونتر خواهد بود.

دفتر دست داشته، سروده های شاعر عزیز حشمت تایب است؛ من اما این یک بهار زیبایی را در تنگنای فرصت یک روزه باید بپیمایم و از جایگاه مخاطب شعر دوست، نظرم را بنگارم.

در یک گشت و گذار اجمالی، ویژگی هایی که بیشتر ذهن مرا سرگرم بازی های شیرین شان نمودند، در کنار نازک خیالی پنهان شده در لابه لای برگ ها و شاخه های این دفتر، حضور رنگین آرایه های لفظی و معنوی - بیشتر ضرب المثل و اسلوب معادله - و مجموعه ای از زیبایی و هنر طوری در جریان و سریان استند که از شکست های وزنی این جا و آن جا می شود چشم پوشی کرد و تا حدی آن ها را نادیده گرفت. همچنان بسامد بالایی از واژه هایی که کمتر در سرزمین شعر آدرس دارند و به کارگیری آن ها به گونه ای که تازه وارد بودن شان تقریبن حس نشوند؛ درین مجموعه بیشتر نقش بازی نموده اند. به طور نمونه:

بمبیرک، پوده، منقل، پرخچه، قرچه، پوپنک، سنجاق، چره، تشله، بوقه گاو، پیخ، چپراستی، پاپچلک، شانه گردان، چانته، کلاشینکوف، واکسین، آیفون، جاسوس، رفوجی، کپتان، دیزاین، کنیاک، بنداژ و...
برای جلوگیری از تکرار، تنها به آوردن نمونه ای ازین واژه ها بدون درج مصراع ها بسنده نمودم. از میان غزل ها نیز این چند بیت زیبا را شاهد می آورم:

مژه بر هم می گذارم تا مبادا بر رخش
از زبان چشم من حرفی ته و بالا شود

*

تنبل نه ای بگیر تباشیر ماه را
بر تخته مشق شب، گل دیدار خط بکش

*

خود را برای رویش او بیل می زنم
ای عشق! تخم عاطفه در جان من بکار

بخش دوم این دفتر به "تک بیت" ها اختصاص یافته است. دستچینی که ازین تاک‌واره نموده ام شاید تا حدی تکرار یک چهارم این بخش باشد، چون درین باغ بیشتر با شعر دست و انگور بوده ام. ریشه ی حلاوتی که درین خوشه ها نهفته اند را در انرژی ایجادی می شود جستجو کرد. برای شاعر، این همان جرقه یا تراکم حمله ی نخست ایجادی است. اصلن غزل نیز با یک یا نهایتن دو مصرع الهام می شود و این انرژی، بعدن به بیت هایی که پس از آن ساخته می شوند سرایت می کند. به همین دلیل اکثرن قدرت و زیبایی درین سرچشمه ها فراوان‌تر نفس می کشند.

حشمت تایب از ضرب المثل یا مدعا مثل، به دقت و زیبایی بهره می گیرد و در تزیین معنایی سروده هایش آن ها را هوشمندانه استخدام می کند. مشت نمونه ی بسیار:

یک سگ زرد ندیدیم کزین خصم آباد
راه در خانه ی تاریک شغالی نکشید

*

هر کاسه ای که داغ تر از آش خود نبود
در مسلک سیاست امروز کاسه نیست

*

خارپشتی کودک خود را نوازش داده گفت
این پسر از هفت پشت خویش مخمل زاده است

*

اسلوب معادله، ترکیب هنرمندانه ای از تمثیل و مدعا مثل است و بخشی از ظرافت دریافت های شاعرانه را به نمایش می گذارد. اگر پیشینه ی اسلوب معادله را از سنایی غزنوی فرض کنیم، در سبک هندی خصوصن با بیدل به اوج خود می رسد. این آرایه در تک بیت های این دفتر، جلوه ی چشمگیر و پررونقی دارد و در معرفی حشمت تایب به عنوان شاعر، بیشتر عرض حجت می کند.

چون به جایی می رسی با اهل تمکین نرم باش
موج دریا چون به ریگ ساحل آید مرده است

*

رنگ لعل یار از خون دل من بوده است
لبسرین گرگ از رگ های گردن بوده است

*

می رسد از اهل عرفان فیض بر روشن دلان
شمع را با شمع دیگر می توان افروختن
*

پس از خوانش این مجموعه ی زیبا، یک بار دیگر حشمت تایب را شاعر شیرین کلام و مست از باده ی هنر یافتم.

هارون راعون

فبروری ۲۰۲٤

بخش اول

غزلیات

صبح نادمیده

بیا که یک سر مو، زلف صبح پیدا شد
پس از هزار و دو صد سال دگمه‌ای وا شد
میان باغ انار خیال خام خوشم
تلنگری که بحال آردم، شکوفا شد
قضا گرفت به چشم همه، کمانچه‌ی کین
و حول بیتو شدن، از کرانه پیدا شد
هوا هوای بغل کردن است و دل دادن
ببین! که موج در آغوش صخره بالا شد
تکانه‌ای، تپشی، جلوه‌ای ز اندامی
که عطر خواب ز باغ تنات هویدا شد
غروب طشت زغالی که داشت بر سر ریخت
ز لطف شب، دل ظلمت سرشت احیا شد!
صبا، تو عزم سفر کن پی ضلالت و نور
ببر پیام من آن جا که أمر - امضا شد

۲۰۲۲ م.

تلاش

تا رنگ خون به پیکر ما هست، می‌دویم
چون خامه، هر کی برد به ما دست می‌دویم
مانند شاخ تاک به هر بیشه می‌خزیم
با هر کی جز به نور نه پیوست می‌دویم
ناموس خوشه در بغل و گل در آستین
شکرانه خوانده بیخود و سرمست می‌دویم
ما را هجوم واژه‌ی بیگانه خورده است
تا بوی آشنا نرسیدست می‌دویم
در خلوتی که اهل دلی هست می‌رسیم
ورنه، ز هول کوچه‌ی بن‌بست می‌دویم

۲۰۱۵ م.

ندا

صوفیا! چشم باز کن یک بار
عارفا! دامن از زمین بردار
مولوی! آستین مزن بر شمع
زاهدا! ورد را مکن تکرار
خلص و کنز و کنیه و دستور
بهر روزی مگیر اندر کار
ای خطیب از دل زمان برخیز
محتسب! عقده را گشاده شمار
سالک مکتب جلال‌الدین!
بگذر از خویش و نقش پا بگذار!
فیه مافیه را چه می‌خوانی؟
تو برو اندرون «خود» بنگار

۲۰۱۷م.

دوست

در میان ما، دگر حرفی ز تو و من مگو
من تو ام، تو هم منی، أورادِ اهریمن مگو
قوده کن مشتی گیاهی را که خود پرورده‌ای
پیش ما، خاشاک باد آورد را خرمن مگو
چون شکستت دست، دست وگردن خود را بگیر
رشته‌ی زنار خود را باب هر گردن مگو
با خر لنگ خود و بار کج‌ات خوش باش لیک
راه خود را گیر و حرف از قاطر رهزن مگو
آستین کهنه را با کج‌کلاهی نسبتی‌ست
هر سبک پیمانه را، عیار این مأمن مگو
پاسدار شانه‌ی خود باش و پا بیرون منه
هر کی دستت می‌فشارد، دوست یا دشمن مگو!

۲۰۱۹ م.

نجوا

نالهٔ دردمند را، زور کسی نمی‌رسد
دود دل سپند را، زور کسی نمی‌رسد
خبث عمل اعاده شد، مرغ هوا پیاده شد
فاسق ارج‌مند را، زور کسی نمی‌رسد
حرف خدا خدا بگو، هرچه شد از قضا بگو
حاکم خیله‌خند را، زور کسی نمی‌رسد
روز "بزن بزن" دگر، رفت ز مطلع خبر
گلهٔ گوسفند را، زور کسی نمی‌رسد
ریش بمان، بمان بمان- یا که نمانده‌ای نمان
طاعت خود پسند را، زور کسی نمی‌رسد
شاه شود، تبه شود، ماه شود، سیه شود
مردم سر بلند را، زور کسی نمی‌رسد
گفتی: رها، رها شدم، گفتی گدا، گدا شدم
عشق گسسته‌بند را، زور کسی نمی‌رسد
گفت: ورق بزن، بزن، گفت چپق بزن، بزن
مالک پول و پند را، زور کسی نمی‌رسد

۲۰۲۰ م.

رسن

هوای مخملی چاک پیرهن، نازک
فضای باز شکر خنده در دهن، نازک
حیا گرفته قناویز دور چادر را
که پیچ‌وتاب بدن را دهد شکن نازک
بگو به جمله‌ی خوبان قطیفه بردارند
که چشم کور حسودان، کند زدن نازک
شمال نازک و رقص پودینه‌ی لب جوی
به خلوتی که بیفتیم، تن به تن نازک
بخوان به خیمه‌ی گلپوش نسترن شعری
که می‌شوند دو هم‌جنس، هم‌سخن نازک
فتاده قطره‌ی شبنم ز برگ گل به تنت
نفوذ کرده درون، چون نگاه من، نازک
شوم نسیم و درآیم میان پیرهن‌ات
که نقش پنجه نماند، دران بدن نازک
بیا که فاصله‌ها را به بوسه برداریم
که هر چه دور شوی، می‌شود رسن، نازک

۲۰۱۸ م.

هواداری عشق

غزلی نخواندم از تو، که در او هوا نباشد
سخنت به رمز «خط خط» نگهت خطا نباشد
همه سردچار با تو، تو به خویش سردچاری
چه بلای آسمانی، که در او بلا نباشد؟
چه معانی بلندی که به سایه‌ات علم زد؟
دل جنبش خرامات، به خیال ما نباشد؟
شرر آزماست دستم، که به سینه‌ات گذارم
سبق آرزوست طبعم، گه ز دل جدا نباشد
نه مدرس و نه مرشد، نه فقیه و رند و عابد
به غبار راه ارزد، که در او حیا نباشد
ز خیال بی‌تکلف، چقدر سپاس‌مندم
که برد مرا به جایی، که جز آشنا نباشد

۲۰۲۲ م.

حسرت

آنکو ز عمر کام برآورده، کام کو؟
یا آنکه مانده در طلب نام، نام کو؟
بگذار از بهشت خودم بهره‌ور شوم
ای خضر ره مگو که حلال و حرام کو؟
با من بیا که قبله نما در دل من است
راهی که نیست جانب بیت‌الحرام کو؟
من پا فرا تر از خودم آن‌جا رسیده‌ام
بر من مگو که بصره و بغداد و شام کو؟
این‌جا طناب گردن ایمان گسسته است
آن‌کس که سر برون نکشد از لجام کو؟
تنها نه چرخ جلوه گه ساز وحدت است
آن ذره‌ای که شانه نزد با نظام کو؟
رسوایی از دو سوی به آدم رسیده است
دیگر مگو که طشت کجا رفت و بام کو؟

۲۰۱۸ م.

وحدت

قطره ها، با هم بیامیزید، تا دریا شدن
ورنه تبخیر اید و با باد صبا یکجا شدن
تا نبردارید سر از دامن لرزان برگ
می مکد موران شما را پاک، از تنها شدن
یا به تنهایی چو اشک شور، شورانگیز باش
یا چو سیل آموز از هر پیچ‌وخم، غوغا شدن
سینه‌ی کشتی ندارد طاقت سیلئ موج
قطره ها، «من» را به دریا افگنید از ما شدن
گر نداری حرف وحدت، مهر خاموشی که هست
غنچه‌ی بی‌رنگ خجلت می‌کشد از وا شدن
میخ کج از آزمون چوب می‌آید برون
وای، از پایان کار و تلخی رسوا شدن

۲۰۴ م.

باد سرگردان

به کجا می‌وزی ای باد بهاری، دیگر
نه چمن ماند و نه آواز قناری دیگر
بس کن از کار و برو لقمه‌ی نانی دریاب
چه قدر مغز سر و حوصله داری دیگر؟
خمچه را دور بیانداز که سوزش دارد
ما هلاک‌ایم به یک تیر شکاری دیگر
از چپاول چو زدی دست به کار مشروع
نکو پرسان که چه داری و نداری، دیگر
کار من نیمه تمام است به دیوان فلک
تا به زخمم بزند خنجر کاری دیگر
چشمت از هر دو جهان شرم طلب خواهد کرد
گر سر از پیرهن عقل براری دیگر
تخم بی‌حاصل تبعیض فکندی همه‌جا
چه متاعی دگری مانده که کاری، دیگر
ذهن ما آتش و، درس تو زغال سنگ است
ما و این مدرسه و چوب و بخاری دیگر

۲۰۱۷ م.

مستی

شب سراغم را نمیگیری که کیهانی‌ستم
لامکانی گشته در صد لایه پنهانی‌ستم
کشتی‌ام با نوک مژگان افگند لنگر در آب
چشم عشاقم که در دریای دل فانی‌ستم
منت از رهبر نشاید زورق ره دیده را
مست دریای خودم، از عمق توفانی‌ستم
در حضورت کهکشان سرخانه‌ی قلیان شده
بی‌تو چون خاکستر شمع شبستانی‌ستم
من هوای جنگلم، توفان و رعدم دربر است
در کنارم تنگ‌تر بنشین که بارانی‌ستم
یک سبو آب طرب دارم ولی تنها و تار
گر خمار سرکشی باشی، چراغانی‌ستم
خسته‌ام از آنچه دیوار است یا آیینه است
شور مجنون دیده‌ام، نسل بیابانی‌ستم
گرمی آغوش مهرت جاودانی شد که من
پاسدار حرمت و نان و نمک دانی‌ستم
خامه‌ام را پی بگیر آخر به جایی می‌رسی
زانکه خود اندر پی محمود فارانی‌ستم

۲۰۱۹ م.

هوای بوسه

نفسم ز دل برون شد، نفسی غبار آلود
دم آخرم مبادا، که شود شعار آلود
ز بس امتحان نمودم دل و دیده در ره خلق
نگهم جنون طلب شد، قدمم فرار آلود
پس از عمر برکناری، بسر آمد انتظاری
شبی از درم درآمد، بغل‌اش کنار آلود
چه کسی شود مقابل؟ که رساندش به منزل
طمع اش هزار پهلو، نگه اش، شکار آلود
من و بند و بست ساقی، به تلاش عمر باقی
که سر از عدم برارم، چقدر خمار آلود
به هوای بوسه‌ای چند،که کنم ز جوش لبخند
چه‌قدر گزیده باشم، لب انتظار آلود
تب عشق بر فروزان، به نگاه شعله باران
لب پر ز خنده وا کن- قدحی انار آلود!

۲۰۲۱ م.

زبان چشم

بشکند دستم اگر سوی کسی بالا شود
کور بادا دیده ام، گر بر حضوری وا شود
شوکتی در کوی او پیدا شد از بی طاقتی
قطره ام یارب درین وادی کجا دریا شود؟
لذتی گم کرده ام از بوسه در مستی شبی
می پرستم کرده اندامی که تا پیدا شود
هرچی خواندم از زبان عقل، گمره تر شدم
نسخه‌ی عشق از زبان چشم اگر معنا شود
نی به قاموس ادب، نی در کتاب حکمت است
طرح تدبیر جنون، گر در عدم انشا شود
سالروز حضرت مجنون به صحرا زد دلم
گردبادم دید و برمی‌خاست تا رعنا شود
مژه بر هم می‌گذارم، تا مبادا بر رخش
از زبان چشم من، حرفی ته و بالا شود

۲۰۱۶ م.

گوشمال

گر فلک یاری کند، پیمانه سر خواهیم داد
جامه ی سالوسرا در حلقه در خواهیم داد
یک‌دو روزی مانده در تقویم، غفلت را چو برگ
در دم سرد خزان عمر، پر خواهیم داد
یا چو رعدی می‌زنم آتش سر و برگ سکوت
یا چو سیلی بهر هر دیوار، در خواهیم داد
یا شوم دربان و کوبم فرق هر تاراجگر
یا تبر در دست شاخ هر شجر خواهیم داد
این سخن از مام تأریخ‌ام به خاطر مانده است
گوشمان آخر به این ابله پسر خواهیم داد
یا ز ساقی مجمری جوشان طلب خواهیم کرد
یا چو حافظ دیده راکحل بصر خواهیم داد
یا به چشم کور رهبانان نظر می افگنیم
یا به مضمون چاشنی از شعر تر خواهیم داد
یا شقایق در کویر آرزو خواهد دمید
یا طلسم خیزشی بر بحر و بر خواهیم داد

۲۰۱۵، م.

آستان درد

طراوت از غزل و تازگی ز باران رفت
ترنم از دهن خشک جویباران رفت
به غیر زاغ که یک جمله می‌کند نشخوار
قصیده گوی فراری شد و غزل‌خوان رفت
هوای خلوت باغ از هجوم تنهایی
به خود گره شد و با برگ خشک رقصان رفت
فراز چشمه همان عندلیب وقت شناس
به سنگ خطبه که می‌خواند، همچو مهمان رفت
نسیم صبح که سوغات غیر دود، نداشت
ز کوچه‌ی کی رسید این چنین، که گریان رفت؟
درین ستمکده هر روز، روز قربانی‌ست
مگو که ولوله و چیغ عید قربان رفت
درخت و خانه و دیوار گوشتخوار شدند
چه نعره‌ها که ازین آستان به کیهان رفت

۲۰۲۰ م.

گشاده چشمی

چقدر به عمر نازم چو حباب بی‌تفاوت؟
به حضور موج تازم، به شتاب بی‌تفاوت
قدمی نمانده پیهم چو سوارکار« سرخون»
تلِ موزه برکشیده ز رکاب بی‌تفاوت
چقدر گشاده چشمی، چه فضیحت و چه لشمی
که چو خس گرفته‌ام جا روی آب بی‌تفاوت
همه نسل من سبک پر، همه خودستای و خودسر
تن شان ز هم بریده، چو کباب بی‌تفاوت
وزش نسیم از جا زندم به موج دریا
نکشم سر خجالت، ز نقاب بی‌تفاوت
برو ای غُرازه پیکر، ورقی بخوان و بنگر
چه هزارسال مانی به عذاب بی‌تفاوت ؟
سر پوچ را کلاهی نه نهاده‌ایم گاهی
و خود از خضوع فطرت، چو شراب بی‌تفاوت

فراخوان

بنشین یک دو نفس رنج خماری بکشیم
پس از آن دَور خود از کوزه حصاری بکشیم
سایه ساران لبِ چیله اگر توفان کرد
رخت در همهمه آباد چناری بکشیم
خرقه در کوزه‌ی می غرق کنیم از مستی
شمع سازیم و از آن یک دو سه تاری بکشیم
هر دو پیچیده به‌هم، همسفر موج شویم
وانگهی سر ز یکی گوشه، چو ماری بکشیم
خم می در بغل و مست ز دریای خیال
سر برآورده و از آب شراری بکشیم
ما همه ذره و دوران چو یکی سونامی
بر سر ریگ روان، طرح قراری بکشیم
خواب طی گشت، سر از بالش دنیا بردار
تا که نقشی دگری از پی کاری بکشیم

۲۰۱۹ م.

مستی

چمن چمن به رهت انتظار پاشیدم
سبد سبد، سر بی‌اختیار پاشیدم
غلط غلط غم پنهانی ضمیرم را
ورق ورق به نسیم بهار پاشیدم
سبو سبو عرق تاک را به سایه‌ی بید
دو دسته بردم و دیوانه وار پاشیدم
گلو گلو، غم خیام را چو فریادی
به آسمان زده چون آبشار پاشیدم
صدای چک چک دست چنار را در ذهن
گرفته بردم و در شوره زار پاشیدم
جدا جدا دل هر لاله را به مردم چشم
نهادم و به سر زلف یار پاشیدم

۲۰۱۴ م.

دریا

از چه برداشته این شورش و غوغا دریا
که چنین بیخود و مست است سراپا دریا
سست‌عهد است جهان، شوق اقامت نکنید:
دهنش کف زده، می‌گفت به نجوا دریا
با چنین مستی بی‌حفظِ تعادل در خویش
پشت پایی زده بر قلقل مینا دریا
گه چو گرداب درآمیخته در رقص و سماع
سینه پرجوش وطرب، چون خم صهبا دریا
هرکی شد زاده‌ی کهسار بلند آیین است
نه خروشیده درین بادیه تنها دریا
بی‌سبب نیست لبش زمزمه پرداز از لطف
آنچه از چشمه‌ی یمگان زده، دریا دریا
تا کمر می‌رسدت آب، گذر کن امروز
که چنین رام نماند به تو فردا دریا

۲۰۱۵ م.

ترنم شام

در پناه زلف او، سایبان خوشم آمد
بعد سال‌ها امروز آسمان خوشم آمد
بسکه ریختم آتش در پیاله اش دیشب
از ترنم رگبار، ناودان خوشم آمد
قصه‌ی مگوها را یک به‌یک بهم گفتیم
روح بی‌نصیب از عشق همچو جان خوشم آمد
رازها عیان می‌کرد، حجب را نهان می‌کرد
ناشیانه فهمیدم، ناگهان خوشم آمد
از کلالت لفظش واژه هم به رقص آمد
شور هم‌دلی گل کرد، وان تکان خوشم آمد
از «فروغ» می‌خواندیم لذت خودآیی را
کان زبان سحرآمیز دردهان خوشم آمد

۲۰۱۹م.

شب

شب سیه چادر به سر، مانند زاغ انداخته
آسمان بالای بامت چلچراغ انداخته
بر گل صبح از خیالت اشک شبنم ریخته
روی ماه از دیدن روی تو داغ انداخته
بسکه تمکین می‌تراود نرم، از گلخانه‌ات
لاله از کف در تماشایت ایاغ انداخته
تابش رویت رهی چاک گریبان را گرفت
ماه گویی پرتوی بر کوچه باغ انداخته
خوب می‌داند زبان داغ را بلبل ولی
در حضور لاله خود را بی‌دماغ انداخته
کو به کو، وادی به وادی بهر تمهید بهار
پیک فروردین صبا را، در سراغ انداخته

۲۰۱۳ م.

کوی یار

یاران خبر از جوش خم باده چی دارید؟
یا هیچ نپرسیم که، آماده چه دارید
اکنون که پس از خطبه، به خمیازه رسیدیم
پنهان ز نظر در ته‌ی سجاده چی دارید؟
عزلت طلبان مایه‌ی دلگرمی عیش‌اند
در کوزه که دور از نظر افتاده، چی دارید؟
ترسم، همه مدهوش ز خلوت بدر آیند
در حفظ سِر مردم آزاده چی دارید؟
این گرم و خنک حاصل تبلرزه‌ی عشق است
زان آب طرب خیز شرر زاده چی دارید؟
گیرم که رسد محتسب و چیغ برآرد
بند و رسن و قیزه و قلاده چی دارید؟

۲۰۱۲ م.

خلوت خم

به خلوتم بشتاب و بکش به دوش مرا
شراب خانگی کهنه‌ام، بنوش مرا
دلم به خوشه‌ی ایام، بی‌تو پژمرده‌ست
به بوسه‌ای بتکان، همچو «آبجوش» مرا
ز شام وصل چه پرسی که همچو شیشه‌ی می
حواله کرد و بنوشاند، تا دو گوش مرا
چو خم نشسته‌ام و منتظر که می‌آیی
و نبض گرم تو می‌آورد به جوش مرا
خمار قرن شش هجری تو بودم دوش
نجات داد یکی پیر پرده‌پوش مرا
فدای همت ساقی که تا دمادم صبح
نه‌گفت عربده کم گوی و نی، ننوش مرا

۲۰۱۲ م.

قطار چندمین

دل آب شد یک‌بارگی آیا که بار چندمین؟
افتادم از بی‌طاقتی در زیر بار چندمین
آواره چون باد سحر، سرخورده چون سنگ گذر
بی سرنوشت و دربه‌در، با کوله بار چندمین
هر جا درختی سایه‌ای‌ست از بهر ما سرمایه‌ای‌ست
جا خوش کنم در در پای او، در زیردار چندمین
رگبار خشم از دورها، آرد نوید از گورها
من پشت خود پنهان شده، پای حصار چندمین
باز آن سر پر درد سر، دارد هوای شور و شر
زین آستین بیرون جهد، آیا که مار چندمین؟
پل بسته‌ای از چوب تر، لرزان شب و شام و سحر
زود است کافتد از کمر، زیر فشار چندمین
رفتم بمیرم یک شبی، از شدت درد و تبی
گفتند این جا خواب کن، پشت قطار چندمین

۲۰۱۸ م.

شاخ رقصان

شانه‌هایم از برای خوشه‌هایت خم شده
چیله‌ی تاکم، وجودم در برت محکم شده
خلوت بمبیرک از طرز ادایم در خروش
جوی آبم، در گلویم شرشری مدغم شده
کرم شبتابم، مرا شب زنده داری تشنه کرد
انتظارم روی برگ گل، دلم شبنم شده
می زند گه دست گلچین، گاه پای گلفروش
خارگویی بر مراد باغبان، آدم شده
بسکه می‌رقصید شاخ بید در آغوش تاک
خاطرش چون دختر رز، درهم و برهم شده
حال این بستان کسی با رمز رنگ انشا نکرد
تائب، از طبع تو کم کم، رنج ما هم کم شده

۲۰۱۶ م.

معبر مبهم

یک‌بار زندگی کن و یک‌بار خط بکش
بر پشت‌وروی عالم تکرار، خط بکش
در حیطه‌ی تصور ذهن تو مرز نیست
دور از قیاس خط‌کش و پرکار خط بکش
چون نور از دو سوی سیه‌چاله سر برار
وآنگاه تا به محمل دلدار خط بکش
تنبل نه‌ای، بگیر تباشیر ماه را
بر تخته مشق شب، گل دیدار خط بکش
ای عنکبوت، معبر صید تو مبهم است
هر نقشه را ملاحظه با تار خط بکش
یا چون شهاب سنگ شهابی بیافرین
یا همچو کوه، زآتش و رگبار خط بکش
با رنگ غیر فاصله‌ها پر نمی شوند
با خون دل، چو کله‌ی خودکار خط بکش
گر حلقه روی صورت عالم نمی‌کشی
بن بست را به محوطه‌ی یار خط بکش

۲۰۱۷ م.

سنگ و آب

سنگی کنار جوی زبان یافت بی لجام
زد طعنه بر هرانچه درخت است ،عام و تام
سرسخت و عقده مند و دل آزار و بد زبان
آگه نبود لطف نسیم و هوای شام
تا بوده، خاک و گرد و جغل بوده قسمتش
از گل نخورده رایحه اش هیچ، در مشام
بر جوی آب گفت چرا هرزه میدوی؟
رو بر درخت کرد و برو بست أتهام

فرمود آب جو مفگن فتنه در بساط
هرکس بقدر همت خود کرده اهتمام
آن یک برای میوه شیرین کشیده قد
وین یک، برای گسترش سایه ها، قیام
تا باغبان به سایه نشیند کنار جوی
شکر از وجود ما کند ، این مقطع کلام
گر موءمن است آمده اینجا به اعتکاف
یا هندویی گذشته و گفته ست : رام رام

۲۰۲۱ م.

دست عشق

تا بَرد پی به مرض، عقل کتابی طلبید
دست‌وپا برزد و اسباب و حسابی طلبید
کیمیادان که به هر عیب و علل می‌فهمید
از عناصر همگی، شیره‌ی نابی طلبید
وان حکیمی که نمی‌کرد سر از نسخه بلند
معتکف بر در میخانه، شرابی طلبید
صوفی از حجره بدر آمده با صوت ملیح
چاره از مفکوره‌ی فضل مآبی طلبید
خادم کعبه بینداخت قبا را از دوش
خشک شد حلق و دهانش، نم آبی طلبید
علم بی‌چاره که حرفش به دهان می‌لرزید
لاجرم خسته شد و بستر خوابی طلبید
عاقبت عشق به ایجاز معانی پرداخت
وز در پیر کرم، مشت ترابی طلبید

۲۰۱۴ م.

حرف پیر

از چوب کرم خورده نسازید نردبان
وز پوده استخوان نتراشید ناودان
پسوند نام خویش به انسان، خلاصه به
تا بر تبار و قوم پدر، یا پدرکلان
زورآور است آنکه شکم سیر می‌خورد
زآدم شدن که همچو متاعی‌ست در دکان
از پنج‌هزار سال بدین‌سو درین کویر
از ناف قرچه خورده عقاب شکم چران
در تو نهفته، آن که تو خواهی، همان تویی
بر خویش کن مراجعه اول، نه این و آن
آن کو برای خود نتواند برید، آش
جالب اگر بریده برای تو سیمیان
مغزی که شد ملمع از اندیشه‌های پوچ
کاهی ست، بر نشسته به دیوار کاهدان
در را برای کودک سرگشته بهر علم
هرگز مبند، اگر نگشودی در فلان

۲۰۱۹ م.

جوش خاطر

به فتوای قدت، بر هرچه موزون است مدهوشم
خدا قوت دهد، در سایه‌ات چون سبزه می‌جوشم
هوای بی‌خودی پروانه‌سان دارم نمی‌دانم
که می‌نوشم ز جامت شیره‌ی گل یا نمی‌نوشم
به گل چیدن که از پلوان گذشتی از فراسویم
بهاری داشتی کز بوی آن تا حال بی‌هوشم
به تدبیر جنون موقوف یاران می‌شوم چون خم
ازآن در پیکرم تا قطره خونی هست، می‌جوشم
عقاب زخمی چشمم نظربازی نمی‌خواهد
ز چشم نیم بازت کاسه‌های بنگ می‌نوشم
نمی‌آید مرا آهنگ لبخند از گلوی دل
چو طفل بی رمق هرچند بهر خنده می‌کوشم

۲۰۱۸ م.

نگاه

نگهت ز لطف ساقی به دلم غزل غزل شد
غم روزگار چون یخ، به شراب کهنه حل شد
به دماغ دل بفهمان که به عقل پا نکوبد
که جنون خود برائی به برون زد و عمل شد
نشوی غریق کلفت، چو ز لنگرت گذشتی
سر کشتی ات گمانم، که خمید و یک بغل شد
چه نشسته در کلاهش ز غبار خودنمایی
که به خود تنید عمری، نه‌رهید و مبتذل شد
رهِ «بز روی» که آهو به چرا توان رسیدن
ز هجوم خیل قاطر، همه خالی از کبل شد
چه صبوحی‌ای که صوفی سحرم رساند مخفی
که ز احتکار ساقی دم تازه محتمل شد
چه گذشت بر مسافر ز بلای دشت وحشت
که ز کهنه درد، لنگ و زدوای کهنه شل شد
ز گل هوس چه پختی به اجاق خلوت امشب
که بساط زاغ و زنبور همگی پر از عسل شد

۲۰۱۵ م.

گیتار خیال

شعری که نزد پنجه به گیتار خیال‌ات
دستی‌ست که چون غنچه فشارد پر و بال‌ات
در خود بدمان نفخه‌ی از باد پگاهی
تا شام رسد آیینه‌داری به قبال‌ات
ای پر زده با خیل غزل، اوج نگهدار
ترسم رگ تقلید، کشاند به زوال‌ات
تنها نه زبان است که تمهید توان گفت
دل نیز کند جلوه تراشی ز خصال‌ات
سرجوش سخن بولهوسان راست سزاوار
گر دُرد معانی نکشی، چیست کمال‌ات
حیران چو حباب لب ساحل نتوان ماند
در خویش بزن نقب، که بینم سرحال‌ات
توفان چو نسیم سحر ات در نظر آید
در عمق اگر ریشه دوانده‌ست نهال‌ات

۲۰۱۶ م.

کوی عیاران

ساغرکشان ساده و بی‌گفتگوستیم
وز خنده پر، چو شیشه‌ی می تا گلوستیم
هرچند همچو کوه ستبرایم و سرکشیم
لیکن به شمع اهل نظر، تار موستیم
چشمم ز شرم دیده‌ی او کور گشته است
ای دل نگر که با چه صنم روبروستیم
چون صخره قد اگر بکشی موج می‌شویم
بر ما، چو ریگ اگر گذری آب جوستیم
رنگین‌کمان صفت سر ما پیش پای ماست
باب نظاره‌ایم، که افتاده خوستیم
ساغر صفت شرنگ ندارد صدای ما
مانند خم صبور و بلندآبروستیم
دریای رحمت‌ایم، پر از ساحل مراد
بنشین کنار ما که روان سوی اوستیم
دی شیخ خواند محتسب و قصه گرم کرد
زاهد، کنار ما منشین بی‌وضوستیم

۲۰۲۰ م.

جنون

پیش آر کشتی و قدح و جام، هرچه هست
سر می‌کشیم در غم ایام، هرچه هست
ما خود، چو خم ز کوره‌ی آتش گذشته‌ایم
ساقی برار پخته و یا خام، هرچه هست
رخسار صبح بسته و باز است زلف شب
بردوز چشم، از سحر و شام هرچه هست
دریای وهم و حادثه تا عمق، پرنهنگ
صحرای عشق و مشغله پردام، هرچه هست
این مرده‌ها هنوز نفس می‌کشند و ما
پهلو گرفته سوی دد و دام، هرچه هست
خورشید همچو یکشنبه مهتاب منزوی
کیهان به تیر می‌زند اجرام هرچه هست
از نیش مار داروی اکسیر می‌کشند
ما زهر می مکیم ز بادام، هرچه هست

۲۰۱۲ م.

غریو مولوی

عصا می‌گیرم و کیهان به چوگان می‌کشم امشب
که ساقی گفت: خم بیرون ز خمدان می‌کشم امشب
ز قوس هفت‌رنگ آسمان آن‌سوی می‌تازم
و موج مرده را در جوش توفان می‌کشم امشب
به مه نظاره چون دوزم، لبش با بوسه می‌سوزم
به رویش پرده‌ای در می‌کشم، تا لامکان امشب
مریخ و مشتری را با همه افسون و رسوایی
به رقص آورده از خرگاه عریان می‌کشم امشب
نه من آنم، نه من اینم، "نه کفرم هست و نی دینم"
غریو مولوی، از خیل مستان می‌کشم امشب
جبونی، تا چو سیل از دامن هرموج بگریزد
دم تیغ سخن بر ناخدایان می‌کشم امشب
ز پا افتادن این‌جا سر کشیدن از نیستان است
مکن ساقی دریغ از من که تاوان می‌کشم امشب

۲۰۱۴ م.

پاییز

باز طاووس سوی باغ انار آمده است
عینک سبز بپوشید، بهار آمده است
رنگ هم فرصت حساس چمن می‌داند
که به هنگام وداع گل و خار آمده است
لخت کرده‌ست دل و سینه و ساق و سر را
بید گویی که طلبگار چنار آمده است
خار خونسرد و گل آسیمه سر و شاخ، کبود
گویی تاراج‌گر از بهر شکار آمده است
برگ افشان شدن، آغاز پریشانی‌هاست
باغ با لشکر بی‌رحم کنار آمده است
ناگزیری‌ست کنون سردی و برگ‌افشانی
آشیان خالی و قمری به فرار آمده است
ورقی چند زند باز به تاریخ، سپهر
سرو فریاد زند، خیز که یار آمده است

۲۰۱۵ م.

آن سو تر ...

سخت دلخوش زیستم در راه فردایی که نیست
تار کردم دیده را، بهر تماشایی که نیست
کفش تنگی داشتم در زیر بالین مراد
پخته هم کردم نفس، بهر تماشایی که نیست
کاروانم در رباط بیخودی اطراق کرد
تا بیفشاند ز رو، گردی ز پهنایی که نیست
قطره‌ام اما هیاهو دارم از دریا شدن
ماجرای تو و من بنما به من جایی که نیست
عشق، لنگر کشتی دل را، توکل، بادبان
منزل‌ام آن‌سوی تراست از قعر دریایی که نیست
چشم بر بند و برو، کز مرز خود هم بگذری
تا هویداتر شود پنهان و پیدایی که نیست

۲۰۱۶ م.

گوهر زبان

شعری که ترجمان نشود سوز و درد را
جاری مباد در رگ جان هیچ مرد را
یک منقل آتش از دل پر ماجرا طلب
خالی چی می‌کشی ز جگر آه سرد را؟
پایان راه، جلوه‌ی آغاز دیگری‌ست
تا لامکان ببر تب‌وتاب نبرد را
نفسی که بو کشد به در سفله، روز و شب
از آستان دل بکش این هرزه‌گرد را
طومار شرم سلسله‌ی ننگ را، بپیچ
دیگر مخوان حدیث چه کرد و نکرد را
اشک‌ات نمک ز دیده‌ی تحقیق شسته‌است
دیدار تازه کن بشکن پای گرد را

۲۰۱۳ م.

دل

دیده بیدار و بهم آمده مژگان ای دل!
چه خبرهاست ز سیلاب به دامان، ای دل
پس ازین دست من و دامن برچیده‌ی عشق
با فلک گر نشدم دست وگریبان، ای دل
منکر نشه‌ی جولان خیال تو مباد
هرکی افتاد به دام سرگردان ای دل
چرخ هم لخت به پیش نظرم می‌آید
مهوشی کو که کمر بسته به کتمان ای دل
طرح موهوم خیالم، پر پرواز نداشت
تا خود از بند نخواندیش به جولان ای دل
تو کماندار و منم پا نرسیده به رکاب
شهسواری تو، و من گرد بیابان، ای دل

۲۰۱۶ م.

حسن و شرم

جوش دریای سخن، در خنده‌ات پیچیده است
کیف صد میخانه را قند لبت دزدیده است
بولهوس را سدّ تمکینات ز پا انداخته
هیبت دیوار چین، در دامنت خوابیده است
زندگی موقوف ساز و برگ هستی کن که عشق
حاصلی دارد کزین ویرانه دامن چیده است
حسنت از بیدار باش شرم می‌بالد به خویش
ای خوش آن خاری که از گل روی برتابیده است
قامت بالای استغنای شوقم در برش
جای تا بر خود کند وا، موی آتش دیده است
یا به خودخواهی زبون، یا سفله پرور می‌شود
عشق را هرکس که از وحدت جدا سنجیده است

۲۰۲۰ م.

بیم نبودن

چون مرده‌ها، ز بیم «نبودن» مشوشم
یارب مباد آن‌که سر از هست، برکشم
از یمن کیف جام عدم برحذر شوم
محنت‌سرا دوباره کشد در کشاکشم
درد قبول دیدن این چهره‌ها مباد
گاهی زند در آبم و گاهی در آتشم
کفاره‌ی تهاجم آدم به شاخ کبر
کافی‌ست بهر نفس فزون‌خواه سرکشم
بگذر به بیشه‌ای که در آن ببینی‌ام خموش
چون خاک بی‌تکلف و چون آب بی‌غشم
هم‌بزم حور و مغبچگان حریرپوش
فارغ ز ناز و عشوه‌ی خوبان مهوشم

۲۰۱۹ م.

بذر زندگی

خوب زندگی کردن، دیر زنده بودن نیست
رمز ره گشودن یاب، پویه درغنودن نیست
هرقدم دراین وادی ظلمت است و بربادی
پای استقامت را غیر دست سودن نیست
نغزها همه پوچ و مغزها پر از خالی‌ست
بودنت درین محفل بهتر از نبودن نیست؟
آرزوی خرمن چیست؟ چشم خوشه داری
تخم هرزه می‌کاری، قابل درودن نیست
دست بر کسی بگذار کز دو دست‌وپا افتاد
آنکه را ستودستی، قابل ستودن نیست
حرف کوچه چربی کرد بر بیان شیخ ما
در کتیبه بنوشتند، دیگر از زدودن نیست
این گره کی بگشاید، غیر ناخن افکار؟
آنکه داشت دستی باز، چشمش از گشودن نیست

۲۰۱۶ م.

زخم های تکرار

خمپاره خوردگی‌ست سرم، چون تن درخت
بی‌داغ نیست دست من و دامن درخت
هر زخم خنده می زندم استخوان نمای
خنجر کشیده بر رخ من دشمن درخت
تا خوشه‌ای ز لطف بیاویزدش به گوش
دستی کشیده بر نمط رستن درخت
چون ابر گاه خنده گهی گریه می‌کنم
از لذت عبور ز کهدامن درخت
در عمق شب فرو شد و تابنده شد بلند
شبنم چکیده صبح ز پرویزن درخت
داس فلک به سنگ زد، از کار در فتاد
کیهان ز پای ماند ز افتادن درخت
پاییز در کجاوه‌ی زر شانده باغ را
تا بر کشد به عربده پیراهن درخت

۲۰۱۳ م.

ساز خجلت

سبق نخواندم و صدبار خورده‌ام لت ازو
معلمی که چنان ظالم است، عبرت ازو
به زور در کله‌ام علم، پیچکاری کرد
منی که هیچ نمی‌داشتم اطلاعت ازو
ولی دریغ درین‌جا که زادگاه من است
یکی‌دو مدرسه‌ای هست و کار دعوت ازو
ز کیمیا و فیزیک و حساب و جبر و نجوم
کسی نکرده به طول زمان، کتابت ازو
مگر چه سود که بالون کله‌ام خالی‌ست
چه حالت است نگردد سرم قیامت ازو
مباد درس ادیسون کسی بگیرد پی
مباحثات چه لازم که خاست حکمت ازو
قدم خمید و جهالت مرا به دوش گرفت
کنون که پیر شدم می‌کشم خجالت ازو

۲۰۱۶ م.

زاغ ابرو

حسنی که خیره می‌کرد چشم و چراغ هردو
از کیف دیده شرماند رطل و ایاغ هردو
لعلش به دلنوازی، قدش به سرفرازی
شیرین و دل‌فریب‌اند انگور و باغ هردو
یک‌روز بر مرادم گردون نداشت رفتار
چشم و دلم ز دستش گردیده داغ هردو
شکرانه می‌فرستم، کز من دریغ دارد
در اوج بی‌نصیبی کبر و دماغ هردو
راضی نمی‌شود دل بی‌خلوت حضورش
در خواب و نشئهٔ رفتم کردم سراغ هردو
هر ابرویش به نوعی انگیزه‌ساز وهم است
در رمز و هوش‌مندی مانند زاغ ، هردو

۲۰۲۰ م.

راه دگر

برو بگذر ز شیخ و منت افسانه درمانی
توکل با دم ساقی کن و پیمانه درمانی
چه بیجا آرمان را غنچه کردی؟ کار نگشاید
دلی را وقف روی خوش کن و نذرانه درمانی
به فتوای خرد، در جا نیفتی عشق می‌داند
علاج پای عقل کور، با زولانه درمانی
هوای بیخودی رنگ تحرک می‌دهد جان را
که علم آگه نشد از نسخه‌ی دیوانه درمانی
به یمن عزت پیر مغانم، نیستی عیش است
به مرگم قانع از رسوایی بیگانه درمانی
به صحرا می‌زنم از شوقِ با مجنون سفر کردن
که در بستر نیفتم در خیال خانه درمانی
اگر زلفت پریشان‌تر کند موج تبسم را
ز پیچاپیچ آزادش کنم، با شانه درمانی

۱۹۸۰م.

گرداب

غزل نخوانده، به رقص آمدی که مست استم
ز من مپرس اجازت، که زیر دست استم
منم که حرمت میخانه پابجاست هنوز
وگرنه رند و هوسباز و هرچه هست، استم
تپیدنم ز مقام جنون نه‌کاسته است
که سر دچار هبوط از دم الست استم
ازان ز دایره بیرون نمی‌زنم چون موج
که در کمینگه‌ی گرداب پای‌بست استم
ز هر قبرغه که بینی فتاده خو شده‌ام
چو زلف یار در آغوش صد شکست استم
تو در تهور عقل کلی که داری، باش
من آنکه تهمت دانش به خود نبست استم
مکن ملاحظه ساقی که از بناگوش‌اش
خمار بوسه و مصروف بندوبست استم

۲۰۱۹ م.

حال و هو!

خنجر مکش چو تیغ دو ابرو به روی شب
افشان مساز زلف و مبر آبروی شب
کیهان چو بست پنجره‌ی باز روز را
تا بنگری به دیده‌ی دل، تابلوی شب
این طارم فلک که دراو خوشه چیده‌اند
دهلیز باز کرده بهر کنج و کوی شب
نوری که خیره کرد دو چشم بصیر را
شب را نهفت از نظر کامجوی شب
این شمه‌ای ز جلوه‌ی انوار سرمدی‌ست
ساطع شده ز گنبد همچون سبوی شب
صبح مراد طالع برخاستن نداشت
تا دست و رو نشست به آب وضوی شب
جز دلربای عزلت و عود بلند شعر
تلقین نکرد ساز دگر های و هوی شب
با کاروان صبح نپیوسته تا هنوز
فریاد خفته در چمدان گلوی شب

۲۰۱۹ م.

فرار از توهم

تخم فضای گمشده را در چمن بکار
شخمی بزن زمین و زمان را، سخن بکار
این رنگ‌وبو نشانه‌ی هستی و نیستی‌ست
بسیار سرو کاشته‌ای، نسترن بکار
تا لاله رنگ ریخته را می‌دهد به یاد
نسل ز قوم برکن و و تخم گون بکار
چون روبروی آیینه رفتی بیاد عشق
در جیب پاره، جلوه‌ی سیب ذقن بکار
خاموشی‌اش مرا ز سخن سیر کرده است
ای باغبان گلی که ندارد دهن بکار
خود را برای رویش او بیل می‌زنم
ای عشق تخم عاطفه در جان من بکار
وی جازبن نواز خزان برهنه‌پای
در خانقاه حنجره‌ام، تن تنن بکار

۲۰۲۰ م.

خلوت و آیینه

از دل دریا به گوش آید صدایی دیگری
غرق می‌گردیم یاران، ناخدایی دیگری
سیلی باد زمان، آتش پراند از رخ‌ات
پرده از رو بر گشا، در رونمایی دیگری
چون فگندت سرکشی بر خاک، سرافگنده باش
نَی ندارد غیر ازین چون‌و چرایی دیگری
مستی‌ات آنسوی گردون می‌کشد هشیار باش
چرخ اگر رو تافت ای دل، باد پایی دیگری
کلبه‌ی ما شش‌جهت معمور از بی‌پردگی‌ست
عشق غیر از ما کجا یابد بنایی دیگری؟
نا شکن می بود دل، اندیشه از حسرت نداشت
دلبری گر می‌شکستش، دل‌ربایی دیگری
همچو آیینه مرا، هر رنگ می‌بینند خلق
چونکه هر روزم مقابل، با شمایی دیگری

۲۰۱۵ م.

رویایی شب

در من هجوم لشکر تنهایی آمده
خیل پری به کلبه‌ی ترسایی آمده
این‌جا خیال مستی پیمانه‌ی کسی
از آستان قدرت یکتایی آمده
درس جنون و بی‌خودی‌ام داد روزگار
وین موهبت ز حضرت رسوایی آمده
شیپور جسم را منواز اینقدر بلند
کاینجا خلود روح مسیحایی آمده
تفسیر خویش را نتوان کرد بی‌حضور
هر کو ز خود گریخت، به خودآیی آمده
ای عشق پرفشان شو و رخت سفر ببند
در خلوتم شهود، پذیرایی آمده

۲۰۱۵ م.

أمل

یک جوی آب باشد و شر شر کند، و هیچ
یک کوزه پرگناه، که لب تر کند و هیچ
یک تاک باردار که نزدیک زایمان
بر شانه‌های باغچه لنگر کند و هیچ
آهنگ باد و همهمه‌ی برگ و رقص سرو
بزم شلوغ عربده را سر کند و هیچ
بالینچه کفش کهنه و خوان کرم حصیر
دست قضا اگر که برابر کند و هیچ
یک ماهرو، مجرب و موییین‌کمر بس است
تا جام را ز کوزه معطر کند وهیچ
تا گنگ و لال باشد و پاییز بگذرد
برآن که خواسته‌ست جنین مختصروهیچ
باشد فلک زموج پر از فتنه بگذرد
چون جوی آب کینه نورزد دگر و هیچ
رفیوجی طبیعت خودکام گشته‌ایم
ما را خیال بید و صنوبر کند و هیچ

۲۰۲۲ م.

تفکیک

در بین زبان و دل و دین، خط نکشیدیم
با تیغ کسی را به جبین خط نکشیدیم
پا از گلم خویش فراتر نه‌نهادیم
وز جو نپریدیم و زمین، خط نکشیدیم
از دایره‌ی عدل زمان طفره نرفتیم
بر نطع گران‌سنگ یقین، خط نکشیدیم
مقراض به متن غلط وصل نراندیم
دیدیم ولی ساده‌ترین خط نکشیدیم
خواندیم فرامین و فکاهی و فضولی
درعرض و یسار و ز یمین خط نکشیدیم
تا کینه نجویند و به ما خرده نگیرند
گفتند بسی، لیک چنین خط نکشیدیم

۲۰۲۲ م.

بهار عاشق

از سرا پای تو باران غزل می‌بارد
چه سخاوت‌کده داری که عسل می‌بارد
همچو خاری که زند نیش به سر پنجه‌ی شوق
از گل پیرهنت رنگ خلل می‌بارد
وه که بر شانه‌ی او زلف عرق آلودی
همچو ابری‌ست که بالای کتل می‌بارد
با تو بودم فلک ام، ناز قدم برمی‌داشت
بی تو از بام و در شهر اجل می‌بارد
دل تقویم پر از خواب زمستان زده است
تا یخن باز کنی ماه حمل می‌بارد
شعر می‌خوانی و بر واژه روان می‌بخشی
از برودوش تو توفان بغل می‌بارد
در نبودت قدح و ساز و صراحی‌ست بجنگ
تو بیایی سر هر معضله حل می‌بارد

۲۰۱۸ م.

غربال فلک

چادرات را بادبان کشتی دل می‌کنم روزی
در دل دریا وداع صبر ساحل می‌کنم روزی
همچو برگ از پنجه‌های شاخ می‌سازم رها خود را
در هوای کامگاری، رقص بسمل می‌کنم روزی
با الفبای زبان موج دعوا می‌برم از پیش
صخره را برداشته چون ریگ زایل می‌کنم روزی
جوش دریا را برون می‌آورم تا حکم‌ها راند
چرخ را با صورت صافی مقابل می‌کنم روزی
گرچه افتادم ز غربال فلک در خشک صحرایی
نیش خارم می‌تپد، در شوره حاصل می‌کنم روزی
گر نشد حاصل ز دهرم آرزو، بنگر که پیشاپیش
کهکشان در گردن کیهان حمایل می‌کنم روزی

۲۰۱۴ م.

خلوت

یک‌شب ترا فرمانروا در کنج خلوت می‌کنم
از گشنه چشمی خویش را پیشت خجالت می‌کنم
در کشتی می ناخدا، می‌سازمت شب تا پگاه
وانگه ترا در بیشه بر توفان هدایت می‌کنم
تو همچو دریا خود گرا، من همچو موج از خود برا
دیوانه‌ام دیوانه را با خویش عادت می‌کنم
با چشم شوخ آذری، در مستی و شورش‌گری
چون جامه از تن بر دری؛ ساقی صدایت می‌کنم
چون مولوی با تن تنن، اندیشه‌ساز انجمن
در حلقه می‌بیزم سخن، ترک نصیحت می‌کنم
مستی درین‌جا می‌کنی، بنیاد برپا می‌کنی
من در پی‌ات استاده‌ام، تمرین شوکت می‌کنم
من وسعت اندیشه‌ام، تمکین فشانی پیشه‌ام
زودت برون از روزن تنگ حسادت می‌کنم

۲۰۱۷ م.

غسلی زدم ٥٥٥

غسلی زدم به کج حمامی که هیچ نیست
تا مقتدی شوم به أمامی که هیچ نیست
کردم قیام و قعده، نشستم پی دعا
ساجد شدم به نیت خامی که هیچ نیست
ابر عقیم رحم بشر، باز سایه کرد
بر کنج و کوی و گوشه‌ی بامی که هیچ نیست
مضمون نعت، گم شده در آستین من
صبحی که نادمیده و شامی که هیچ نیست
غلمان و حور، هردو به من وعده داده‌اند
بزمی و آب سرخ حرامی که هیچ نیست
در انتظار مهدی موعود هرچه بود
دادم ز کف به تلخی جامی که هیچ نیست
این رشته را که دست ازل سخت بسته است
بردارمش ز جان به حسامی که هیچ نیست
ای زادگاه خسرو و سعدی و مولوی
در خورد وصف تست کلامی که هیچ نیست

۲۰۱۱ م.

جادوگر

هشیار باش چونکه بیایی به راه من
پیچد ترا به خویش لحاف نگاه من
گیرم بلند ساخت مرا اقتدار تو
با خنجر نگاه بگیر اشتباه من
چشم و دل و دماغ من از آرزو پر است
آخر به جنگ عشق کشاندی سپاه من
طنازتر ز دختر رز جلوه می‌کنی
این هم طلوع نور ز شام سیاه من
با من بپای تا که بدانی که عشق چیست
آمیخته‌ست جرم من و انتباه من
در ساغرم بریز تسلای وعده را
چون آب اگر ننوشمت امشب، گناه من

۲۰۲۱ م.

نگاه ذهن

پیش خود الماس و پیش شیشه چون موم اینقد
برحذر از ساز عشرت، سرد و مغموم اینقدر؟
با دریغ از باغبان این مویه را باید شنود
نسل بلبل بی‌زبان چون چوچه‌ی بوم اینقدر؟
زلف کابل از نگون‌بختی به خود پیچید و گفت
پنجه‌ی مشاطه گیرد شانه‌ی شوم اینقدر
آنچه در سیر زمان مجهول خاص و عام بود
موج دریای زمانش کرد معلوم اینقدر؟
ابن سینا کور و سعدی گنگ و بو ریحان کراند
رنگ عرفان در دیار ماست مفهوم اینقدر؟
هیچ نقاشی ز رنگ لاله تصویری نه‌بست
تابلوی خاک را با خون مظلوم اینقدر

۲۰۲۰ م.

حباب

چون حباب آخر به روی آب بالا شد سرم
طشت پرجوش هواخواهی‌ست ظرف لاغرم
نیستم آتش ولی توفان رعدم، در بر است
شور صد صحرا پریدن می‌پرد از پر پرم
کیستم من، در شکم توفان رعد اندوخته
گر بیفشانم نمی، سیلاب جوشد از برم
گرچه چون شبنم غنیمت داشتم با گل دمی
تازگی آموخت، آن دل داده از فکر ترم
تکیه بر قدرت زدم، دوران به‌خود لرزیده است
آه از آن روزی که زین مسند برآید پیکرم
گاه می‌افتم ز چشم و گاه می‌رقصم به عرش
بی‌رسالت نیستم، اشکم؟ شرر؟ یا گوهرم

دام

هوای بودن خود را ز نام ، بیرون کن
و بعد فرصت اگر شد، لجام بیرون کن
تو ای بلوط فرو رفته در کف مرداب
غرور و عزت سرو، از مشام بیرون کن
پئ تهور بیجا، متاز اسب زبان
بقدر واهمه تیغ از نیام بیرون کن
برو که فرصت آدم چرانی اینجا نیست
حباب مغز، ز سودای خام بیرون کن
ز عشق و خلعت دیوانگی بگوی و بجوی
غبار سفسطه از دور جام بیرون کن
به رغم گنبد مینایی‌ام بیا ساقی
به یک دو کوزه مرا زین حمام، بیرون کن

۲۰۲۰ م.

آدمی !؟

در میان لحم و خون و استخوان پنهان شده
دیر فهمیدیم آدم‌ها چسان انسان شده
کالبد او را به‌هرسو می‌کشاند بی‌خیال
چون که بیند عرصه‌ی دل تنگ بر جولان شده
هم‌رکابش می‌شود آماره نفس تشنه‌کام
وانگهی از هرچه موزون است، روگردان شده
گه به ثروت می‌چپاند دست، تا بالا شود
گه به ذلت می‌دهد تن را و نافرمان شده
حیف دل، در سینه آدمواره‌های کور را
کاین‌چنین پیوند ناقص خورده و بریان شده
یاد باد آن مرشد شیراز، کو می‌گفت راز
دل تجلی‌گاه حق با مشعل وجدان شده
آدمی زادی، مهار اندیش نفس خویش باش
دل درین میدان بازی از ازل، کپتان شد

۲۰۱۵ م.

شوریدگی

چون زلف بی‌نسیم سحر رنج می‌برم
افتاده روی شانه و سر رنج می‌برم
در بند بندم آیه‌ی مستی نهفته است
اما ز فرق تا به کمر رنج می‌برم
بگذار آفتاب به من روبه‌رو شود
من هدهدم، ز تیره گهر رنج می‌برم
اول شکار دیده‌ی عشاق می‌شوم
در تابم و ز تیر نظر رنج می‌برم
سرگشتگی مگر ز ازل قسمت من است؟
باور نمی‌کنی چقدر رنج می‌برم
شوریدگی و مستی و افتادگی خوش‌ست
می‌رقصم و ز فقر هنر رنج می‌برم

۱۹۹۷ م.

رویای عمر

ای دل به شور و جزم جوانی چه اعتبار؟
بر لرزه‌های برگ خزانی چه اعتبار؟
پیمانه نیمه پر نگر و جرعه نوش باش
بر ساقی‌ای که خورده نهانی چه اعتبار؟
بر آهوان چشم، که پرواز می‌کنند
ای عشق اگر بجا نه‌چرانی چه اعتبار؟
آخر به دام شهرت موعود می‌رسی
دیدی تحمل‌اش نتوانی، چه اعتبار؟
بر ریشه‌ای که سخت فرو رفته بر زمین
یا شاخه‌ای که داده نشانی چه اعتبار؟
دل خورده خورده هردوی ما را خراب کرد
عشق است و رمز هیچ مدانی، چه اعتبار؟
جرأت نداشتم که کنم عذر واپسین
ما را چو توت اگر بتکانی چه اعتبار؟

۲۰۱۷ م.

کوچه‌ی کودکی‌ام

ز خاکبازی آن کوچه‌ام هوا باقی‌ست
صدای مادر و صوت بیا بیا، باقی‌ست
هنوز از اثر خار خشک ره گذرم
دریده پیرهن و زخم پشت پا باقی‌ست
فراز جویچه، بمبیرک سبک‌پرواز
که می‌پرید دران بیشه روزها باقی‌ست
ز بال اسب که می‌ساختیم دام ظریف
کباب سینه‌ی گنجشک، هر صبا باقی‌ست
زدوده کی شود آن خاطرات روز تموز
خروش رود کف آلود جابجا باقی‌ست
پرخچه نان که به طبراق می‌نهادم صبح
قریب چاشت، همان شوق و اشتها باقی‌ست
ز درد ها، که یکی گوشمال مسجد بود
چو گوشواره به گوشم آزان ملا باقی‌ست
چه سجده‌گاه تبرک نهاد معموری
که در زمین و درش، بوی بوریا باقی‌ست
خوشم که باز دران بارگاه عزت و أنس
حضور بنده‌ی عاصی از آن ولا باقی‌ست

۲۰۱۳ م.

خیل واژه‌ها!

در دم خیل واژه‌ها بنشین
وسعت دیده برگشا زیقین
بر سمند خیال چابک و مست
چون عقابی، بصیر و نازک بین
سیر آفاق، چون رباط نخست
عمق انفس، فرودگاه پسین
آسمان بخیه کن به تار نظر
در قناویز زرنگار زمین
کلک پرواز معنی‌ات، شاهد
ذوق پرداز صورت‌ات، شاهین
خوشه‌ها را بر آسمان بر دوز
مهره‌ها را به دور دامن چین
مهره‌ها، واژه‌های متن سخن
کهکشان خوشه‌های شعر زرین
خامه با تیغ معرفت سر کن
شعر پرداز، مایه‌ی تسکین
توسن مست معرفت برگیر
پویه بردار تا به عرش برین

تا که از نوریان صدا خیزد:
کی فراز آمد از حضیض زمین؟

۲۰۱۴ م.

نقش دستان خرد

از چوب کرم خورده نسازید نردبان
وز پوده استخوان نتراشید ناودان
تهداب نام خویش به انسان شدن بریز
تا بر تبار و قوم و پدر یا پدرکلان
زورآور است آنکه شکم‌سیر می‌خورد
زآدم شدن که همچو متاعی‌ست در دکان
از پنج‌هزار سال بدین سو درین کویر
از ناف قرچه خورده عقاب شکم‌چران
آنکس که در نهان تو خفته، هما «تویی»
بر خویش کن مراجعه اول، نه این و آن
آنکو برای خود نتواند برید آش
جالب، اگر بریده برای تو سیمیان
مغزی که شد ملمع از اندیشه‌های پوچ
کاهی‌ست بر نشسته به دیوار کاهدان
در را برای کودک سرگشته بهر علم
هرگز مبند اگر نگشادی در فلان

۲۰۱۹ م.

نظاره

دو چشمت خوشنویس می‌کند تک‌بیت ابرو را
جبین‌ات نور پرداز است رقاصان گیسو را
یخن را تا گریبان باز کردی در هوس‌بازی
نسیمی کو که خاکستر زند آیینه‌ی رو را
به مژگان می‌زنی تنبور، دل‌های پریشان هم
به کمپوز هوس اجرا کنند آهنگ پیلو را
به نستعلیق دشنام گر فرستی تاب خواهم کرد
چه خواهد شد اگر بوسه نویسی واژه‌ی بو را
مبر نام مرا در پیش قاصد، سخت می‌ترسم
فلانی هم مگو نام مرا، تنها بگو او را
به افسون کی توان چون گوسفندش رام خود کردن
رمیدن همچو خون جاریست در رگ نسل آهو را
فلک گوشی ندارد تا ز توفان با خبر گردد
کجا خواهد رساندن سیل، پیغام هیاهو را
کجا دلشادی «ترکان شیرازی» چنین می‌شد
اگر حافظ به عمرش دیده بود آن خال هندو را
نداری دل مشو هم‌صحبت خوبان درین محفل
بغ گوساله از جا می پراند گرگ ترسو را

۲۰۱۸ م.

لب دریا!

عشق سونامی و من قایقی، از برگ نی ام
زندگی دغدغه‌ای هست که افتاده پی ام
غافل از خلوت غمخانه‌ی رازی، که هنوز
نه چکیده‌ست به دامان تو سرجوش می ام
از کمان خانه‌ی آدم به هوا نتوان جست
که درین خاک فراری شده از شصت وی ام
عقل می‌گفت که کژ دار و مریزی باید!
عشق برخاست کز اول، به تقلای وی ام
همچو مرغی که ز غوغای جهان گوشه گرفت
میخکوب لب دریا و تماشای دی ام

۲۰۱۱ م.

گلو بوسه

یک گلو بوسه، دوصد سال جوان کرده مرا
أجل از عینک خود، خضر گمان کرده مرا
گردنت روز سیه را به سرم آوردست
داغ دندانم و زلف تو، نهان کرده مرا
سخن اهل تمیزام، پر و بالم چیدند
وطنش سبز، هرآنکس که فغان کرده مرا
بستگی دارد ازین شهر غزلخوان نشدن
نازم ای عشق که شور تو شبان کرده مرا
آسمانا، نخورد تیر تو هرگز بر سنگ
ناوک یاغئ شصت تو، کمان کرده مرا

۲۰۱۷ م.

نقش پی در دشت

تا که چون ریگ روان، سر به بیابان نکشیم
پای ازاین مخمسه تا منزل جانان نکشیم
قفس تنگ جهان ضیق نفس خواهد کرد
آشیان گر به سراپرده‌ی کیوان نکشیم
تکیه تا چند به پشتاره‌ی دنیا کردن؟
توشه بردار که رنج سروسامان نکشیم
دانه‌ی کشت تو غربال فلک می‌خواهد
خیز تا غله درین خانه به انبان نکشیم
کهکشان گرد سواری‌ست که خوش تاخته است
رشته بردار که دیگر غم هجران نکشیم
منت سوزن دوران چقدر دلدوز است
دیده بگشا که ز پا خار مغیلان نکشیم

۲۰۱۲ م.

ساقی

گر اشارت کرد ساقی، شُور سر خواهیم داد
خرقه را در حجره‌ی میخانه در خواهیم داد
شیشه را از سنگ باید جست و قلقل ساز کرد
شیخ را درس نو از دور حجر خواهیم داد
در بسیط گوهر معنا و جوش همدلی
خامه را چون تیغ، با جوهر اثر خواهیم داد
تا نپیچد در دل گرداب و زانو نشکند
موج را در قعر اقیانوس، پر خواهیم داد
گردن توفان جوش خلق را نتوان شکست
زین طلسم زور، یاران را خبر خواهیم داد
نوجوانان بهره‌ور از حرف پیران می‌شوند
تیغ را از پشت پولادین، سپر خواهیم داد
نفخه‌ی باد صبا را در بسیط سرو و گل
از دم یکرنگی یاران، گذر خواهیم داد

۲۰۱۳ م.

بی‌کسی

پیش آر کشتی و قدح و جام، هرچه هست
سر می‌کشیم در غم ایام، هرچه هست
فصل جنون مضایقه از خوردونوش چیست؟
پالوده دار پخته و یا خام، هرچه هست
خاموشی از کمال هنر حرف می‌زند
راز خودش نگفته، لب بام هرچه هست
قسمت، ترا ز چرخ خود اکمال می‌کند
ابرو کشیده دار ز انجام هرچه هست
گمراهی از تلاش عبث چاق‌تر شود
سرخورده رنج برده چو ناکام، هرچه هست
پیچیده چشم او همه تار نظر ز خلق
بادام، راهزن شده با دام، هرچه هست
گر ما سزای بی‌کسی خویش دیده‌ایم
از خلق هم نمانده به‌جز نام، هرچه هست

۱۹۹۲ م.

حرف دل

بنشین که حرف دل را به تو گویم آفتابی
دو سه حرف بی‌تکلف همه نغز و انتخابی
ز کلام و وعظ ناصح که خنک چو سایبریاست
دم گرم کی تراود، به دماغ التهابی
بگذر کنار رودی، بنواز چنگ و عودی
فلک این جگر ندارد که به او دهی حسابی
نه ملا، نه شیخ و شاهد، نه مدرس و نه ملحد
به حقیقت اند اندر، به چنین فضل مآبی
اگر عدل و داد جویی، نبری گمان، ز فردا
که ز حوض خلد خیزد، سر و گردن شرابی

۲۰۱۶ م.

خیال خوش

چقدر دیدن من، قد ترا رعنا کرد
خاک ناچیز، چه شوری به جهان برپا کرد
دیدی و دیده‌ی رغبت به زمین افکندی
کاتب چشم تو تا نامه‌ی ما امضا کرد
آفتاب از کمر کوه به جرأت برخاست
صبح روی توچو معروضه‌ی شب امضا کرد
ماند با خویش و خدا گفت به دادش نرسید
هرکی را جور تو در شوره زمین تنها کرد
من به رویای «ببوس و بگذر» حیران‌ام
که کی برنامه به فتوای هوس امضا کرد؟

۲۰۰۵ م.

امید

عاقبت باغ انارت، شکر افشان شدنی‌ست
بید مجنون به هوای تو مگس‌ران شدنی‌ست
ذقن‌ات در گذر فصل جنون‌خیز بهار
سیب نازک بدن جرم بدخشان شدنی‌ست
گر نشد هیچ ز دستم که گشایم گرهی
موج موی تو به سر پنجه‌ام افشان شدنی‌ست
طوطی معنی رنگین نگاه‌ات روزی
در بسیط چمن عشق، نمایان شدنی‌ست
انقلابی که کند زلف تو با باد صبا
لشکر ناز به یک خنده گریزان شدنی‌ست
گر نزد پای تو امروز، پس از فردایی
گژدم عشق به پیزار تو پنهان شدنی‌ست
سستی عهد تو و سختی ایام فراق
به سر سبز غزل‌های من، آسان شدنی‌ست

۲۰۱۲ م.

بانوی سحر

دندان گرفته شب، ز سر شانه‌ی سحر
یا خورده تیر، توسن مستانه‌ی سحر
یا کاروان نور درفش بلند و سرخ
افراشته‌ست بر سر کاشانه‌ی سحر
یا در گرفته ابر سیاه و فتاده است
بر چادر سپید و غریبانه‌ی سحر
یا از شهاب ثاقب گردنده در سپهر
سنگ مذاب آمده بر لانه‌ی سحر

نه، در بساط شب زدگان لانه کرده است
بانوی جامه‌پاره و دیوانه‌ی سحر
یا عاشقی‌ست، در شب دیدار یار خویش
وان روشنی‌ست، حمله‌ی دزدانه‌ی سحر
بگذار تا ز مهر جهانگیر بشنویم
کابوس رعشه‌پرور و افسانه‌ی سحر

۲۰۱۸ م.

زلف غزل

چون شب زده‌ی زلف، چه سر داشته باشم؟
کو چشم و چراغی، که به در داشته باشم
مدهوشی ما سلسله‌ی موج خیال است
دریاچه‌ی می چیست، اگر داشته باشم
گفتی: نظرت می‌گذرد از در و دیوار
سوگند به چشمت که خبر داشته باشم
با تار نظر دوختی‌ام بر سر پیمان
کو بال گریز از تو، که پر داشته باشم
صد کوه میان من و او فاصله افتد
گردی که به دامان نظر داشته باشم
مژگان تو خود شانه زند زلف سخن را
نذرانه کنم هر چه هنر داشته باشم
بر من بگذر یک شب مهتاب که بینی
چون سایه به پای تو گذر داشته باشم

۲۰۰۹ م.

مادیان دهر!

به گوش جان برسان و مگو پیام از کیست
بریز و فاش مکن، نسخه‌ی حرام از کیست
چنان به بزم فقیهان کارکشته بخوان
که تا ابد نه‌شناسند اهتمام از کیست
تو ظرف خویش نگه کن، مبین به ساغر غیر
که پخته را چه کس آورده است و خام از کیست
اگر عیادت دل می‌کنی غزلخوان باش
که تا به رقص درآیی که انتظام از کیست
چنان به خویش درآویز و خود تکانی کن
که عقل فاژه کشان گوید اهتمام از کیست
تمام عمر کمینگاه فرصت است این‌جا
به هوش دانه بچین و ببین که دام از کیست
ز خاک پیر در می‌فروش شهر بپرس
که مادیان جهان نگشته رام، از کیست

۲۰۲۱ م.

دست دعا

حیف تقویم که در عصر شما کهنه شود
فکر تجدید در اندیشه‌ی ما کهنه شود
حیف مهتاب که لاغر شود از دیدن تان
بر سر راه پر از دزد و گدا کهنه شود
وای از چشمه‌ی بیچاره که با صد زاری
دل خود آب کند شام و صبا، کهنه شود
پای ظلمت چقدر دست درازی دارد
وای از شمس، که ناکرده خدا کهنه شود
سایه بر جسم حکومت کند آن روز که نور
ترک عادت کند و رو به قفا کهنه شود
چهل سال‌ست که با دست دعا می‌کردیم
دل مبادا رود از دست و دعا کهنه شود
وای از آن روز که در پوپنک‌آباد سکوت
تو چه کردی، رود از یاد و چرا کهنه شود
عمرها رفت و ز منزل خبری نیست که نیست
آه اگر سوزنک قبله‌نما، کهنه شود

۲۰۱۷ م.

بخش دوم

تک بیت سرایی

تک‌بیت سرایی!

سرایش تک‌بیت احتمالن پیش ازغزل‌سرایی بوده است، چنانچه درذهن شاعربرخورد با پدیده‌ها گاهی واکنش‌های چندبعدی و مستمر می‌افریند. معمولن در گذشته بنابر همین شاخصه، شاعران بلادرنگ، بیتی درزبان‌شان جاری می‌شده و بعد شکل غزل می‌گرفته است. تک‌بیت بر «مقتضای حال و مقام» سروده می‌شده، تک‌بیت‌ها که مفاهیم کلی / جزئی را با کاربرد آرایه‌ها و عبارات ویژه و مستحکم شعری ایجاد می‌کند، تا امروز رایج بوده و به‌شکل (کوتاهه) هم معمول شده است.

تک‌بیت‌های حاضر در طول سال های ۲۰۰۸- ۲۰۲۳ میلادی در مقاطع گونه‌گون از اوضاع و احوال خود / محیط وماحول، به‌صورت بداهه و به سرعت نقش بسته و یادداشت شده است.

چاشنی سبک‌های متعدد، مضامین رنگین و تازه، آرایه های بدیعی، طنز،مصطلحات عامیانه، شاخصه‌های برجسته‌ی این ژانر است که امیدوارم مورد توجه دوستان متمایل به شعر قرار گیرد.

خواننده خوب همانست که نگاه نقادانه و عیارانه داشته باشد، چون شما !

ممنون شما

حشمت تائب

اکتوبر ۲۰۲۲ م.

بسکه شیرین بود با یادت خیال آراستن
چشم را پرواز دل مژگان بهم آورده بود
***

دو جلوه از گلستان دیوانه کرده ما را
شام وصال بلبل، صبح وداع شبنم
***

وطنم نیز مسافر شد و از شاخه پرید
تا دگر باره نشیند، من و سرگردانی
***

نقش پای پنجه‌ام در کوچه‌باغ زلف او
تا به دست کس نیفتد، پاسبانی می‌کند
***

ازان دیده ندارم تا که خوبان روی بگشایند
که با چشم شکاری می‌زنند آهوی ایمان را
***

می شنفتم از زبان شاخه‌ی خشکی که گفت
برف را هم همچو گل بر فرق مسکن می‌دهیم
***

راست نتوانی نهادن تاج آزادی به سر
تا ز مشرق برنتابد رونمایی دیگری
***

دروغ را چه ظریفانه راست می‌گویند
ولی همان‌که دل کس نخواست می‌گویند

***

نمازی نخواندم که بعد از دعایش
به خود طول عمر آرزو کرده باشم

***

طنابی هست در بین بزرگان
ادیسون با اریکین کار می‌کرد

***

حسرت بیجا مخور بر آیینه خاموش باش
گر نکو بینی به چشم خود، تو خود آیینه ای

***

یار من نازک خیالی می‌کند هنگام جنگ
شربت دشنام او با قند طعن آلوده‌ست

***

خدا نکرده خرابات را زیان مرساد
که خاکروب در خانقه وزیر شود!

***

نازم شب وصال که زلف دراز او
خورشید را اجازه‌ی برخاستن نداد

***

کدام جلوه، ندانم که از کجا افروخت؟
چراغ صومعه‌ی عشق را که جاوید است

***

مژه برهم می‌گذارم تا مبادا بر رخش
از زبان چشم من حرفی ته و بالا شود

***

همین‌که ملت ما خواب رفته شکر خدای
که هرچه رخ دهد آن را به خواب می‌بینند

***

شد فلک راضی و ما را بی‌محابا پیر کرد
ورنه در زهدان او تخمی دگر می‌کاشتیم

***

با خنده هرکی سر نزند روزگار را
در چکمه‌های سخت زمان خرد می‌شود

***

تو کبوتر سپیدم، که فلک به زیر بالت
دل آسمان شود خوش، که ستاره می‌چراند

***

ز بس شکسته ز دستت قبرغه‌ام ای دوست
بغل‌کشی نتوانم اگر که عید شود

***

با احتیاط دست به همسایه پیش کن
کان آستین به مار سیه بخیه خورده است

***

ای آنکه گنهکارترینم به حضورت
در شکر تو از دست خیالم قلم افتاد

***

وطن آیینه نمایی، و گرفته خاک رویت
نتوان به خویش دیدن، که تو پرغبار باشی

***

چون برآید کام دشمن، نرم می‌گردد چو دوست
گرگ سیر از رمه گاهی پاسبانی می‌کند

***

شاعر که در حرارت عشقت قلم کشید
هر واژه را ز خجلت رویت عرق گرفت

***

فغان مکن ز دو سه زخم پای و گردن و چشم
جهاد دیر ثمر می‌دهد، هنوز کجاست

***

ز من بپرس رموز روان‌شناسی عشق
که خال کنج لب از بهر بوسه می‌خارد

***

اگر چه حسن تقوا داشتم اندر حضور امروز
به فتوای نگه، از کنج لب افطار خواهم کرد

***

دریغ و درد که در خون حاکمان زمان
به جای فضل و کرم، نخوت و ستم جاری‌ست

***

نظم دنیا نفس‌پاکان را ز خود راند به دور
کاین جسد تنها حق مردار خواران بوده است

***

در حضورت شوکتی دارم بلند از آسمان
گر نباشی نقش پای مور مأوای من است

***

صد سال دویدیم و رسیدیم به این جا
تا مرز نبودن چقدر فاصله باشد؟

***

نی به کس تحمیل می‌گردد نه از کس می‌رمد
گر به چشم پاک بینی، عشق خود دریادل است

***

آبرو چونکه ز رخسار چکیدن گیرد
اولین قطره که بر خاک بریزد شرم است

***

بیچاره آفتاب چهل سال شد که هیچ
یک روز خوش ز چانته به ما ارمغان نکرد
***

دندان نجوید سوی ناکس هرگز
سگ را نتوان به استخوان آدم کرد
***

ترا که کوزه ی می، عشرت بهشت نداد
کنون بیا و از این کوزه آفتاب بگیر
***

ز عاشقانه ترین لحظه‌ها که یادم هست
یکی همان که نمی‌خواستم که گریه کنم
***

بهشت از پدرت نیست ای نصیحت‌گوی
برو تو آدم خود باش، یا قباله بیار
***

از پنجره‌ی باز همه نعره برارند
جیغی بزن ای‌دوست که دیوار بیفتد
***

ای که از نابخردی پنداشتی زن ناقص است
ناقص است آن‌زن که چون تو ناخلف آرد پدید
***

زان چندک به زور، که کندی ز بازویم
دانستمت که عشق به جایی رسیده است

***

بوسه از دست پر از آبله‌اش کردم و گفت
دست خالی‌ستم و گوهر من در صدف است

***

در ملک خود مهاجر و در شهر خود غریب
گویا به روی ناف کسی خیمه می‌زنیم

***

مسلمان می‌کشد، هندو تداوی می‌کند ما را
دعای ما رضای خالق و توفیق اسلام است

***

صبا، یک پلک خاک از پیش جاروبش برو بردار
بیاور، اعتیاد سرمه دارد چشم نم‌ناکم

***

رئیس مجلس اعیان که فحش می‌گوید
چه اعتراض به اعضای خود عنان دارید؟

***

گرفتم آنکه تقلب نشد، چه خواهد شد؟
نه از شغال رسد خیر ما، نه از سگ زرد

***

گناه باغ چه بوده‌ست، وای طالع دهقان
که تخم بامیه کشت و ز قوم نحس برآمد

***

مرغ هرچند که تاج سرش افشان باشد
بیشتر ضربه ز نول دگرانش به سر است

***

خفاش چوچه می‌کشد هر صبح و شام، لیک
این تخم بلبل است که سرپیچ می‌شود

***

به کسی نشد مسلم، که به گردن کی افتد
همه جنگ و شور و دعوا، سر حلقه‌ی غلامی‌ست

***

ای باد خزان بازوی این باغ شکسته‌ست
آهسته بکش پیرهن زرد تنش را

***

رسم کن یک تیغ جوهردار عشق
با قلم هم می‌توان خنجر کشد

***

با یک سخنت غرق تکلم شده‌ام من
می‌ترسم از آن روز که شاعر شده باشی

***

آسمان با این‌همه بی‌چشمی و بی‌مایگی
گریه‌اش آیا برای خانه‌ی ویران کی‌ست؟
***

یک روز سوی کوچه‌ی ما هم قدم بزن
نیمی نگه بیفکن و حالم به‌هم بزن
***

گفتم که راه اشک بگیرم به چشم خویش
بر دامنم دوید و مرا از یخن گرفت
***

بی‌بهره‌ام از خط چه نویسم به جوابت؟
جز قامتت ای یار، الف در جگرم نیست
***

سر او قابل دار است، نه پاچایی و تخت
رهبری را که به سر خورد و سر از پاچه کشید
***

ما، هرچه باد باد، ادبگاه عشق را
در پیش پای بوسه‌ی اول گذاشتیم
***

از بس گرسنه چشم، چراندیم دیده را
خود را به پیش مردم چشم تو کم زدیم
***

خدا در نطفه خنثا سازد این جنس مخنث را
که خون خلق می‌چوشند و خود سگچوچه می‌زایند

***

تا به ناز از زینه بالا شد که بیند ماه را
آسمان از گوشه‌ی بامش فرو افتاده بود

***

نخست می‌طلبم یک دو بوسه از ذقن‌اش
که اشتهای لب یار زیر دندان است

***

کابل از دشمنان چه می‌طلبی
دوستان ما رآستین شده اند

***

ز پشت پیرهن آبی‌ات تماشایی‌ست
مریخ و زهره که در یک مدار آمده اند

***

قیامت می‌شود روزی و شوری می‌شود برپا
من و تو چون گنه‌کاران آتش دیده می‌خیزیم

***

تا که سردمدار مردم را سگ دیوانه خورد
گرگ این جا گوسفندان را به صحرا می‌برد

***

چه مضحک است، همان ماکیان که بر سر بام
نداده بیضه و غوغای قت‌قتاس کند

***

می‌زنم نیش سخن بر رگ رگ اهریمنان
خون او گر دم کند امروز فردا می‌چکد

***

کوه تمکین طبع عارف را
تپش قلب مور زلزله است

***

آن جا که میوه‌ها سخن از مغز می‌زدند
دیدم کدو چو مفتی اعظم نشسته بود

***

رفتند اهل کرسی و أمن از قفای شان
کو کون کاری‌ای که نشیند به جای شان

***

این ابلهان کنیز و غلام اند و برده اند
خاک از میانه رفت و بجا خاکباد ماند

***

تو از متاع خدا خاک را نمی دانی
فروختی، مگر این جنس از فروش نبود

***

سحاب رحمت حق خشک شد بر فرق تاکستان
و ما مرثیه‌ها در سوگ دست خوشه‌چین خواندیم

***

چون خامه هرکی برد به ما دست، می‌دویم
تا رنگ خون به پیکر ما هست، می‌دویم

***

علاج درد من از بوسه کرد یار و نگفت
که این دوا چه اثرهای جانبی دارد

***

وزن فهم خویش را توصیف کردن خوب نیست
آنچه می‌گویی ترا تول و ترازو می‌کند

***

هم خادم و هم نوکر و هم صاحب دربار
باور نتوان کرد که این شاه شجاع است

***

دانه از ما می‌خورد این ماکیان
تخم دادن جای دیگر می‌رود

***

مرغ بیچاره به آواز رسایی می‌گفت
که اگر سگ برود خیل پشک می‌آید

***

چه خلعتی به شما می‌دهند بهره‌کشان
به قهقرا که کشاندند کاروان ها را؟
***

چون بیان رمز گل، شایان منقارش نبود
زاغ را دیدم ز خجلت نکته بر بلبل گرفت
***

پیش اعراب که رفتی به سرافرازی رو
چاپلوسانه مخوان آیت قرآنی را
***

ما خود این‌جا قبر یکدیگر ز نفرت می‌کنیم
ورنه گورستان بابای تو و از من یکی‌ست
***

همگی هلاک چشم و قد و خال و زلف و ابروست
سر ما، فدای یاری که کمر نداشته باشد
***

غیرت کجا گریخت که بیگانگان به شوق
دامان‌تان به پشت یخن پِنگ می‌زنند
***

آهوان در کنج معبر منتظر ایستاده اند
تا نخست این کوره‌خرهای لگدزن بگذرند
***

آنکه دارد رنگ بازی، در مقام دلبری
همچو طاووس از پس‌اش برج هوایی می‌کشد

***

خیال خلوت جان برهنه‌ات دیشب
مرا کشید همان جا آفتاب دمید

***

از جهانی دیگری مستانه می‌آید برون
طفل اشک عاشق شوریده دنیا زاده نیست

***

دهقان پیر بهره ز خرمن کجا برد؟
گوساله‌اش که پیر شد و گو نمی‌شود

***

فرق آدم ز هیولا نتوان کرد به روی
زین‌همه مو که در اطراف ذقن می‌روید

***

اگر به موعظه و پند و حکم و درس نشد
به زور سوته شما را بهشت خواهم برد

***

این گرمی و جوشی که درین جامعه پیداست
چون دیگ حمام چقورک، عمق ندارد

***

می‌توان کردن سراغ أمن زین کافردلان
بوی نرگس گر توان در لانه‌ی خفاش یافت
***

دوش دیدم صبح را از رخنه‌ی پیراهنت
آفتاب امروز از چشمم خجالت می‌کشید
***

خواهم در آفتاب نشینیم و بنگریم
تا سایه‌های ما و تو باهم چی می‌کنند؟
***

کسی با هیزم تر چشم ما را کور نتوان کرد
به افیون تو، بی‌مغزان که بیماراند معتادند
***

پرورش رام کند توسن نافرمان را
تربیت سود نه‌بخشد گله‌ی نادان را
***

به فخر هرکی بنازد به خود، نیاز حق است
ولی تواضع بیجای عین خودخواهی‌ست
***

درد ما را بگو ای شاعر آتش‌گفتار
که رگ گردن مؤمن زند اسلام این‌جا
***

مؤمن آن‌ست که در اوج کمال و قدرت
خویش را خادم درگاه فقیران شمرد

***

اگر دعای تو ای شیخ مستجاب شود
به‌غیر یک‌دوسه دیوانه کس نخواهد ماند

***

مگیر خرده به حرفم که از وطن دورم
و شعر بی‌نمکم چون غذای بیمار است

***

شیخی که می‌شکست طلسم فرنگ را
دیدی دلا که غرقه‌ی دریای گنگ شد؟

***

نگفتمت که بترس از خدا، نترسیدی
کنون که باب سخن بسته شد چه می‌گویی؟

***

عذاب قبر همه عالم از تو باد ای شیخ
که خم به ابرویت از درد و داغ ما نرسید

***

گرچه شیطان در فن اش استاد بود اما کنون
درس شاگردی درین مکتب فرا خواهد گرفت

***

آه از آن اهل دلی کو رود از دنیا زود
وای از آن زنده که گر زود نمیرد، دیر است

***

چراغ سبز برای تو می‌کنم روشن
که تا بیایی و بهر همیش سرخ شود

***

دیگری دست بدامن زده‌ات، هوش که من
چون گل پیرهنت بسته بیک سنجاقم

***

قصه‌ی فیض و کرم مانده ز اسلاف به ارث
حیف و صد حیف که ما دیر مسلمان شده‌ایم

***

هجران چو ماهتاب مرا چنگ می‌کند
تا پای و سر نظر نکنم آفتاب خویش

***

مکن تواضع بیجا که شاخ زردآلو
بدون میوه کمر خم نکرد بهر کسی

***

هر قدر از چهره می‌ریزد نمی‌گردد تمام
چهره‌ی ارباب ما کان خجالت بوده است

***

سر چره خورده، دست شکسته، بدن کبود
ما را برای سانحه دیزاین کرده‌اند

***

نی سر درین وطن که بخواهیم ازو نوشت
یاد آن زمان که مردم ما سرنوشت داشت

***

آنقدر برگشته ما را کاروان کز راه دور
می‌توانم دید آدم را که گندم می‌خورد

***

دلم ز بوسه‌ی بی‌شرفه‌ی خفیف خوش است
گناه کردگی ام خوب شد کبیره نبود

***

به خلوتی که تو باشی و ساتگین شراب
فرشته در نظرم موش مرده می‌آید

***

اگر بر دست و پایم ولچک و زولانه بربندند
ز کویت پا کشیدن برنمی‌آید ز دست من

***

چونکه گویم شعر در وصف جهاد و خون و مرگ
معده‌ام بالاکشد خود را که بوسد کام من

***

در شاهراه عشق و ادب برفکوچ نیست
آنجا خدا ز سردی دل‌ها نگه کناد

***

گفت شیخی: شراب را بگذار
چشم - بگذاریم و بعد، بنشینیم

***

فغان دایم ز جوش سینه نیزار می‌خیزد
که گر اهل قلم گم‌گشته باشد، نی‌نواز آرید

***

تو خفتی و مژه‌ات با کمال بی‌رحمی
به روی دیده‌ی من سیم خاردار کشید

***

پیش پا را ندید رهبر ما
من از اعماق شعر می‌گویم

***

ما را زبان فلسفه و علم بحث نیست
هذیان مگر افتاده کند چندوچون ما

***

مرا بیاد اجل داد، روزگار دو رنگ
وگرنه در نظرش وقت مرده بودم من

***

خجالت می‌کشم از عید و می‌شرمم ز آزادی
همین ما و فضای سرد گورستان و بربادی

***

لطافت است که دل زنده می‌کند ورنه
نسیم صبح هم از دودمان توفان است

***

شکوه کودکی‌ام یاد باد، کز مستی
جهان برابر یک تُشله بود در دستم

***

با ما دگر از وضع جهان قصه نپرداز
رو این به کسی گو که وطن داشته باشد

***

آنقدر دلنشین شده‌ای در نگاه من
تا همچو اشک بر سر مژگان بیارمت

***

تو در تصور تاریک او نمی‌گنجی
زمانه‌ای‌ست که آیینه از دروغ پر است

***

دیر یا زود، ز بن‌بست برون می‌آیند
سایه‌ها منتظر کوتهی دیواراند

***

مباش بی‌خبر از دود کارخانه‌ی غیب
که تف نیامده این دیگ جوش خواهد کرد

***

بوسیدمش به وارخطایی، شبی دگر
هنگام بوسه گفت قضایی اجازه نیست

***

سبک‌سران چه حبابانه، مست می‌رقصند
اگر مخالف باد اند، یا موافق باد

***

دعای ما به اجابت نمی‌رسد زان روی
که رو به کعبه و دل در کف صنم داریم

***

هر کی می‌میرد درین جا زنده‌ی جاوید اوست
زنده‌ها از بهر مردن زندگانی می‌کنند

***

یک قوم اگر به راه غلط رفت نیست باک
ملت چو اشتباه کند، دیو خودسراست

***

ازان به مرز اجابت نمی‌رسد گامم
که کفش توبه‌ی من ریگ در میان دارد

***

ازبسکه خون و خانه‌خرابی‌ست در وطن
تبریک عید، مزه‌ی دشنام می‌دهد

***

غنچه از تازه‌ترین باد بهاری نشگفت
عمق این فاجعه از ریشه بپرسید که چیست

***

هرکی دارد در خفا بهر نجات خود تلاش
همچو مرغابی که پارو می‌زند از بهر خویش

***

غیر تنهایی که هرگز نکند رنگ عوض
هرچه را می‌نگری سایه و روشن دارد

***

ما را به جرم آنکه اسیر ادب شدیم
چون کافران عشق به رگبار بوسه بند

***

ز عاشقانه‌ترین شعرها که می‌دانم
یکی همان که ز دشنام تست مضمونش

***

درین حیات پر از فتنه و دروغ و خباثت
اگر که مرگ نمی بود، زهره‌کف شده بودیم

***

آنقدر دوست ندارم که بگویم چند است
یک‌دوتا همچو منی هست و دلم خرسند است

***

ز خال کنج لبش بوسه‌ای گرفتم و گفت
که طبع شعر تو بسیار نکته بین شده است

***

حریر پیرهنت عاقبت پس از عمری
میان ما و تو دیوار خاردار کشید

***

ازبسکه راه گم شده‌ام با عصای غیر
آغاز را تصور انجام می‌کنم

***

عشق ارث از حضرت آدم به اولادش رسید
هر که منکر از محبت گشت شیطان‌زاده است

***

ذوق طفلی هرچه کردم، رفت و دیگر برنگشت
غیر اشک گرم کز گهواره همراه من است

***

نکشد محنت دیدار کسی
قامت خم چقدر موزون است

***

زبسکه بوسه زدم دوش بر سرا پایش
تنش به ماه مکمل گرفته می‌ماند

***

آزادی دهان همگی سهم گرگ‌هاست
آزادی زبان و همین گوسفندها

***

همچو نقلی که درآن خسته‌ی تلخ است نهان
قند هر بوسه‌ی او داشت ز پی دشنامی

***

مرا ندیده ، چه شیرین ترانه می‌خوانی
اگر به بر بنشانم ترا، نه می‌خوانی

***

سر بکش ای دست و از کام زمان کامت برآر
تا نگویندت که مار آستینش خورده است

***

چون میخ هرقدر که مرا سرزنش کنند
محکم تر از گذشته‌ی خود پیش می‌روم

***

شوربختی هست از آغاز با روشن‌دلان
همچو اشک از خانه چون بیرون زدی مستانه باش

***

درین دانش‌سرا هریک ز علم و معرفت چیزی
نمی‌فهمید، اما لایق و داناتر از من بود

***

در صلح و جنگ نیش و نجاست به ما رسید
آزار ما مجوی که همسایه‌ی سگ‌ایم

***

سرکشان از نعمت و فیض جهان بی‌بهره‌اند
آسمان هم دوست دارد سینه‌ی هموار را

***

زلف او استاد دانشگاه حسن و سیرت است
در تواضع دکترا دارد، تخصص در شکست

***

دمی که روح دماند ترا، دم ساقی‌ست
سری که ترک سرت واکند سر میناست

***

بوسیدمش، سپاس‌گزاری نمود و گفت:
بی‌حکمت خدا نرود هیچ کار پیش

***

ترا دیدم قلم در کنج جیبم میده می‌رقصد
اگر بوسم ترا بر صفحه‌ی دفترچه خواهد کرد؟

***

از هنر هر کس که گردد دور، گردد بی‌زبان
نی نمی‌آرد فغان تا بوریایش کرده‌اند

***

گر دیگران به آمدنت چشم دوختند
ما نیزهردو دیده ز دیدار دوختیم

***

با مغز تهی، جلوه‌ی ما بین که درین جمع
چون خامه‌ی بی‌رنگ نمودِ سر جیب‌ایم

***

شب آمد و به کلبه‌ام آن سرو ناز ماند
بوسیدمش چنان‌که سحر از نماز ماند

***

عمرت دراز ای أجل، اما اگر ز لطف
در انتخاب خویش کمی دیده وا کنی!

***

روزگار آبستن ایجاد وضع خرخری‌ست
ما به‌ناحق تهمت آدم به آدم بسته‌ایم

***

آدمی با چشم دل تفکیک خوب و بد کند
ای بسا خرها که نتوانی ز گوش اندازه کرد
***

برو، ز موعظه‌ی شیخ گوش بسته گذر کن
که در طریقت ما حرف مرده خاموشی‌ست
***

یکی بگوی و به قولت بابیست چون مجنون
که عرض و طول سخن ابتکار شیطان است
***

هر چند ضعف حافظه دارد ولی ز شوق
آیینه نقش روی ترا حفظ کرده‌است
***

نی زلف بید ماند، نه کاکل به نسترن
سلمانی خزان چقدر تیزپنجه است
***

خلوتم دوش ز خورشید رخی روشن بود
ماه بیجا اریکین از سر دیوار آورد
***

روزی که شعله خیز شود بام بام شهر
صد حجره شیخ سوزد و یک می‌پرست نی
***

خصلت هر جانور از نام او پیداست، لیک
غیر انسان کو ز رمز اسم خود آگاه نیست

***

ببین دریدن و خوردن ز گرگ استعمار
که تا به لحظه‌ی ترکیدن اشتها دارد

***

بعد ازین در حق ظالم از خدا توفیق خواه
زانکه ما را هر دعا، وارونه اجرا کرده‌است

***

ماه دیشب تا بگیرد نور از رخسار او
بر سر بامش نشست اضطراری کرده بود

***

زندگی کرته‌ی لیلامی بود
آنهم، از قامت ما کوته تر

***

باغ اگر رهبر از انبوه درختان گیرد
بی‌گمان تاک دران فاتح میدان شدنی‌ست

***

درین محفل چه حاصل حرف حکمت بر زبان آری
رگ گردن همان تحلیل و استنباط می‌گوید

***

تهمت کشتن ما را که به چشمش بستند
مژه برهم زد و بر گردن ابرو انداخت

***

به این نجاست اعمال و آن شنیع خصال
هزار باردگر گر شود وکیل کم است

***

همه آموختگانیم و لیک
مغز ما در رگ گردن بند است

***

پای ما در خلوت محصور عزلت جمع بود
هر که ما را داد آزادی به ما خنجر کشید

***

نی بریزید ز کس خون و نه خون جمع کنید
پای خود اول ازین جنگ و جنون جمع کنید

***

لگد گاو شرطه سنگین نیست
حذر از شاخ بوقه‌گاو کنید

***

چنان از قتل ما در کام دشمن شهد می‌ریزند
که ما بیمار قند استیم و خون ما شکر دارد

***

خورشید رخی پهلوی ما خانه خرید
وای- دیوار نداریم که همسایه شویم

***

دشنام داد و بوسه زدم بر گلوی او
گویا علاج واقعه پیش از وقوع کرد

***

مسند قدرت ندارد تاب استهزای خلق
هرکی این‌جا پا به نخوت ماند، سر بالا نکرد

***

منقار و چنگ چون محک اعتبار گشت
موسیچه‌های باغچه هم، پیخ می‌کشند

***

فدای همت ضحاک مار دوش، که او
پی فریب کسی مار از آستین نکشید

***

با یک کتاب کاین همه ازهم گسسته‌اید
حالا به مرز چند خدایی چه می‌کنید؟

***

این درختی‌ست که گر سر زنی اش، می‌بینی
صد نهال دگر از دور وبرش می‌خیزند

***

نان مسکین را به زور از چنگ او بیرون میار
خوردن این لقمه آسان است و هضمش مشکل است

***

دهان پرآب‌ترین نسل در زمانه‌ی ماست
دعا کنید که گر تخم آن عقیم شود

***

آنکه نتواند کتاب خویش را تفسیر کرد
نیست ممکن نسخه‌ی بیگانه را تعبیر کرد

***

دیگران از سگ همسایه شکایت دارند
وای بر حالت ما، چون خود همسایه سگ است

***

بر طالع نگون خود و زلف روزگار
می‌خواستم که گریه کنم، خنده‌ام گرفت

***

چون کوه بدخشان نشد آرام وجودت
هر لحظه به‌یک گوشه‌ی آن زلزله‌ای هست

***

پرورش رام کند توسن نافرمان را
تربیت سود نبخشید گله‌ی نادان را

***

برو بگذر ز شیخ و منت افسانه درمانی
توکل با دم ساقی کن و پیمانه درمانی

***

همچو مرغی که به هر گوشه برِ او دامی هست
دل ما چون دگران بسته‌ی یک سلسله نیست

***

از بساط خوان ما رنگ عیاری رخت بست
میزبانان‌ایم، لیک از جیب مهمان می‌خوریم

***

نرم‌خویان می‌کنند آشفته‌حالان را ذلیل
موج دریا تا به ریگ ساحل آید مرده است

***

قلم چگونه غزل در سخن پیاده کند؟
که بهر قطره‌ی وصف تو جاغورش تنگ است

***

در راه وصل دوست که قایق غریق گشت
ما زنده‌ایم، عمر به پایان رسیده است

***

عمرت دراز باد اگر گویمت کم است
کوتاه باد دست نبودن ز بودنات

***

خم می‌می‌کنم نذرانه گر فردا شود امشب

ز هر پهلو دمد خورشید می‌خیزم ز جا امشب

***

خوب شد مرگ آمد و این داستان برچیده شد

ورنه چشم و گوش بر اهل کرم می‌داشتیم

***

دیگران گر سر زبان تو اند

من ز نوک زبان نمی‌گذرم

***

بار گنهی عظیم داریم به دوش

شیطان بزرگ داده بازی ما را

***

عشق ماند از حضرت آدم به دنیا یادگار

هرکی منکر از محبت شد حرامی‌زاده است

***

گرچه عمری‌ست که معتاد به نیش سخن‌ام

هر که بی‌کینه به من طعنه زند عید من است

***

گفتی که کدام جامه زیبد به تنم؟

هر جامه که برکشی ز تن می‌زیبد

***

قهر با ما می‌کند ایام با سرمای سخت
بی‌خبر از آنکه ما آتش تنفس می‌کنیم

***

مست چون شد صوفی از یک جام در می‌خانه گفت
همچو موم از دین من هرآنچه می‌سازی بساز

***

آنقدر شادم ز وصل او، که گر فانی شوم
باغ رضوان را خیال پل‌چرخی می‌کنم

***

رفتم شبی به خانه‌ی آیینه ناگهان
دیدم که عکس روی ترا قاب می‌کشید

***

نرم‌خوی و بذله‌گوی گرم و بی‌خار و خلل
در شب یلدا فقط یار زمستانی خوش است

***

موهوم و زودسیر و شتابان و پاگریز
این جو لبی نداشت که نان تر کند کسی

***

نیش‌ایم سراپای ولی حوصله‌مندایم
مزدوری گل هرکی کند حاصلش این است

***

عدل این‌جا ممتحن در مکتب تهذیب نیست
ای بسا دیوانه کاندر جمع ما عقل کل است

***

تراکه کوزه‌ی می عشرت بهشت نداد
کنون بیا و ازین آفتابه آب بگیر

***

گرچه هفتاد شده عمر مرا، ای استاد
من و ما پیش نظرگاه تو شاعربچه‌ایم

***

حالا زمان آن شد، تا از فلک بخواهیم:
یک کوزه آب کوثر، صد آفتابه کنیاک

***

خاک است و غبار است و شرار است و شریر است
این تیره‌زمین برزخ موعود نباشد؟

***

یا جهنم یا بهشت، هرجا که می‌خواهی ببر
چشمم این‌جا از تماشای شیاطین خسته است

***

ما را که سینه گنج غم دوست گشته است
شاید که روز وصل فنا از بقا شویم

***

با دوصد مکر و حیله و ترفند، تخم بغض و نفاق را کشتنند
کشت شان چون رسید و حاصل داد، سنگ تهداب جنگ را هشتنند

***

هیچ کس نیست گوسفندشناس
تا که ما شوق بع، بع، نکنیم

***

امشب به یاد روی تو خود را ورق زدم
دیدم که تا تمام شوم - پیر می‌شوم

***

شمع حاتم وار می‌بخشد فروغ خویش را
از زبانش زان سبب در جمع آتش می‌پرد

***

شوخی مکن ای دوست که فرجام ندارد
ما نیز دوسه روز مسلمان شده بودیم

***

هم به خلوت گریه می‌آید مرا هم در حضور
یارب این چشمه‌ست، تالاب است یا کاریز شور

***

خموشی را زند هنگامه‌ی نابخردان برهم
عف بیجای تنها از سگ دیوانه می‌آید

***

از بس زدیم بر سر و بر روی همدگر
همسایه دید و چاقوی او نیز دسته یافت

***

در دهانش کام و دندان و زبان بیهوده است
منفذ ریح است و دم؟ یا مخرج باد است این؟

***

اگرچه تهمت ناحق به باورم بستند
دلم خوش است که پروردگار حق‌بین است

***

من به این آتش‌فشانی‌ها نمی‌افتم ز پای
قائمم چون کوه، چون استاد کارم قائم است

***

حسنی که بی‌تصرف مشاطه گل کند
یک جلوه از تلاطم نور خدا دروست

***

می‌توان کردن سراغ امن زین کافردلان
بوی نرگس گر توان از لانه‌ی خفاش یافت

***

خمار بوسه‌ی ما را شکست یارو، نگفت
که حرف بعدی دل، بر زبان نمی‌آید

***

درد ما را بگو ای شاعر شیرین‌گفتار
که رگ گردن مؤمن زند اسلام این‌جا

***

آنقدر مستم که گردون را زدم بر خاک، لیک
پشت او با پنجه خاریدن ز یادم رفته است

***

پایید شب و، صبح که شکران به زبان داشت
آیا چقدر قصه‌ی ناگفته نهان داشت؟

***

شرح تمکین تراکیست که تحریر کند؟
زانکه یادت، قلم از دست فلک می‌گیرد

***

خدا را موءمنان با کشتن مخلوق آزردند
قیامت گر نشد امروز، فردا هم نخواهد شد

***

غزل غزل به تو پیوند می‌خورد دل من
نفس ز ناله چو نی، بند می‌خورد دل من

***

گل هر چه دسته دسته بریزم سرت کم است
شعر و ترانه هرچه سرایم برت کم است

***

یک شعر خوشم آمد، شعری که تو می‌خواندی
باقی همه دیوان‌ها هذیان مقفائی‌ست

***

سرعت نبض بود و هیچ مپرس
در میان دو بوسه، آنچه گذشت

***

خواستم درد دل خود کنم از سینه برون
ناله خمیازه‌کنان بر سر دعوا برخاست

***

آن کس که ترا به سر بکوبد
باور نکنی که پایمرد است

***

زمین را می‌دهد چرخی و شب را روز می‌سازی
ازین فردا گریزانیم، یک صبح دل آرایی!

***

در حضور تو، منزوی شده‌ایم
شرمت از عشق هم نمی‌آید؟

***

در مکتبی که عشق مدیر است، عقل را
شاید مقام ارشد چپراستی دهند

***

به شیخ مدرسه گفتم، که گفت شرط نماز:
به یک پیاله وضو گر کنم چه خواهد شد؟

***

نمی‌لنگم ز افت‌وخیز در راه طلب هرگز
که من در عشق چون مجنون کمربند سیه دارم

***

در کمر بندش نگاهم خورد و دیگر برنگشت
عشق بر من گفت: رمز موشگافی‌ها ز چیست؟

***

از کنارم همچو آهومی رمی ورنه ز شوق
از مکیدن بند بندت را پلنگی می‌کنم

***

دیوانه نیستم، مگر از انحطاط عشق
دیوار را به فرق سر خویش می‌زنم

***

دشنام یار بسکه به ذوقم فتاده است
«عشق منی» چو خار بغل می‌خلد مرا

***

مرهون کهنه جامه‌ی خویشم که هیچ‌گاه
پنهان نکرد خار بغل را در آستین

***

ز بس در مکتب ما خشم و کین‌توزی سبق دادند
به‌جای عقل دندان، نیش روید در دهان ما را

***

چنبر زده زلفت ز چپ و راست به سویم
فریاد ز ماری که دو سر داشته باشد

***

یک‌دوتا معشوق عیبی نیست در مقیاس، لیک
ما چو کفتربازها، با خیل عادت کرده‌ایم

***

ما جنون‌پرداز خاک کوی عشق و الفتیم
هرکی شاخ کبر برسر بشکند سلطان ماست

***

ازبسکه زخم دیده‌ام از ماجرای عید
بنداژ را خیال حنا پیچ می‌کنم

***

ز جوش عشق به پابوس او اگر رفتم
ز فرق تا قدم او چریده خواهم رفت

***

زیان دشمن رمزآشنا، بزرگ‌تر است
سگی که بیعت گرگان گرفت، گرگ‌تر است

***

از غبار نفست آیینه‌ها مست شدند
بیعت روی ترا کرده و یک‌دست شدند
***

هرچه دل خواهد آبروی من است
آرزوی دل آرزوی من است
***

این زمان دست و گریبانم، و گرنه پیش ازین
دست من یک‌روز بی‌شیرازه‌ی دامن نبود
***

خواستم رنج دل خود کنم از سینه برون
آه، آتش به دهانم زد و خاموشم کرد
***

کیف سرشار خودی، موقوف جام باده نیست
هرکی این جوهر ندارد رهرو آزاده نیست
***

نقش پای سایه‌ام با من یکی‌ست
خاکساران و خموشان با هم‌اند
***

می‌توانی رو بپوشانی ولی جاسوس عشق
حسن را چون بوی گل از پرده بیرون می‌کشد
***

نگاهی کرد شلیک، از بر رویم رد شد
سرمه باروت سیاهی‌ست که من می‌دانم
***

ز بس بوسیدمش از پای تا سر دوش در مستی
زبانم ارغوانی شد چو گلغندی اندامش
***

زاهد همان‌قدر که ز خود حرف می‌زند
گر بر هوا خطاب کند، برف می‌زند
***

ما را به جرم این‌که غلام ادب شدیم
چون کافران عشق به رگبار بوسه بند
***

ز طرز گردش دوران عجب مدار ای شیخ
که ریش لنین از آخوند، ریشه‌دارتر است
***

گرچه رحمان و رحیم و حاکم روز جزاست
تا نبخشد خلق حق خود، خدا بخشنده نیست
***

آن یک‌دو جام را که زدم از سبوی غیر
گفتی که زیر کاسه‌ی ما نیم‌کاسه است
***

رئیس دولت خود را به عجز می‌گویم
ز گوش‌مال نترسد خری که آدم نیست

***

گر پیش و پس به حمله نگیرند صید را
در خوردن جسد، چی کنند این شغال‌ها؟

***

ز با وقارترین دشمنم که سختی‌هاست
دلم چو کودک مکتب‌گریز می‌لرزد

***

لباس نغز پوشیدن نپوشد عیب باطن را
تو عریان باش و نیکی کن که عیبت را هنر گویند

***

سیاست طرفه آهنگی‌ست، پر از رمز معنی‌ها
دریغ این نغمه را با نفخ دل خواند الاغ این جا

***

با مغز تهی جلوه‌ی ما بین که درین جمع
چون خامه‌ی بی‌رنگ نمود سر جیب‌ایم

***

خدمت به ناکسان چو کنی فکر می‌کنند
تو از نژاد پست و خود از نسل برتر اند

***

دیده واکن، تا که بینی نیت و کردار را
ای بسا سرها که لایق نیستند افسار را

***

قدح به همت آن روسپی بلند کنید
که تن فروش شد و خاک را بکس نفروخت

***

هزار کله درین دیگ جوش خورد و دریغ
که بوی مغز ز مطبخ برون نمی‌آید

***

به خویش دیدم و دیدم که زنده‌ام بی‌تو
کی گفته‌است که آیینه راست می‌گوید

***

به جرم اختطاف رمه دستی نیست گرگان را
گلیم غم ز پشم خویش بافد گوسفند این‌جا

***

ز کار حضرت آدم مرا پسند آمد
که قرعه‌ای زد و در فکر برد و باخت نبود

***

کفش‌اش ز آبله پر، چله‌ی طلا در دست
فدای همت آن عاشقی که کم‌بغل است

***

زمین رفیده و انسان - خمیر بر سر او
جهان تنور و، بزن ای فلک که نوبت ماست

***

از جمله رهبران جهادی و بی‌جهاد
واقف نشد کسی که حلالی کدام بود؟

***

در باغ تو چون برگ خزان روی نداریم
گویا خجل از رویش بیجا شده باشیم

***

مگو که محتسب امروز لب گزید و گذشت
سگی که عف نزند، میل چک زدن دارد

***

می و معشوق در عقبا میسر می‌شود، اما
خدا‌ناکرده گر این‌جا شود پیدا چه خواهد شد؟

***

آنقدر از خویشتن دورم ،که هرجا می روم
هر چی می آید به چشمم،پاره ای از من دروست

***

گه به بالین شمع افروزیم گه در پیش روی
فرق مرگ و زندگی در مذهب ما مشکل است

***

ما خود، از یک کوزه آب پاک محرومیم لیک
هرکسی با دلو خود، زین چاه زمزم می‌کشد
***

حسد چه میبری ای خفته بر شهید مراد
تو هم به زندگی آغاز کن، شهید استی
***

دوران عدل و دیموکراسی‌ست، گپ نزن
پُسخند کن که وقت عکاسی‌ست، گپ نزن
***

ای باغبان مواظب احوال باغ باش
کاین خاک جای ریشه‌ی خار و ذقوم نیست
***

زندگی چهره عوض کرد، نگفتید چه رنگ؟
سگ زرد آمد و دوران شغال آخر شد
***

چون میخ هر چه بیشترم سرزنش کنند
محکم‌تر از گذشته‌ی خود می‌روم فرود
***

وای از آن روز که ملا شود از می سرمست
مقتدی گبر و موذن ز نصارا باشد
***

مرا به نسخه‌ی عقل جبون، زبون نکنید
که در طبیعت عشق این دوا ضرر دارد

***

دامن هرکی که دیدیم به‌خون آغشته‌ست
گوسفندان چه شناسند که قصاب کجاست؟

***

آبرو چون رود از روی، کجا برگردد؟
گر بریزی به سرت موج دوصد جیحون را

***

در راه وصل دوست که قایق غریق گشت
ما زنده‌ایم عمر به پایان رسیده است

***

بگیر دامن خود در کمر ببند و برو!
که در مسیر زمان خار هرزه بسیار است

***

جز شطم و ضرب و کین و کدورت نداشتید
دین خدا به دست شما، سوته‌چوب شد

***

بسکه زیر نام دین قتل و جنایت کرده‌ایم
دیو ما را دید و دستی بر سر دد می‌کشید

***

محتسب چون عیب مردم را شماریدن گرفت
گوئیا در محضر عام آمد و، ریدن گرفت

***

اگرچه گفت سعدی برگ‌ها لبریز عرفان‌اند
ولی در برگ تاک این داستان رنگ دگر دارد

***

ازبسکه زخم و نیش، که خوردم ز روزگار
دندان گرفت، لیک به حالم دل سگ سوخت

***

تو چون به مذهب رندان پاک در جنگی
بیار سنگ و از آئینه انتقام بگیر

***

می‌دهم بر دیگران جوش و خودم خون می‌خورم
نیست فرقی بین شریان من و رگ‌های تاک

***

هزار دین که فرستی درین مصیبت‌گاه
کسی بجز گله‌ی خود نمی‌پرستندت

***

تو از رسیدن آواز پا چه می‌پرسی؟
زمانه‌ای‌ست که گر کس رسد به خود کافی‌ست

***

این‌جا به عیش ساز که این چرخ بی‌کتاب
از پوست طلبه سازد و از روده‌ات رباب

***

دوتا نامرد در جنگ‌اند با هم، بی‌حیایی بین
که سنگ از هردوسو بر فرق صاحب‌خانه می‌آید

***

تو آمدی همه جا غرق رنگ‌وبوست هنوز
کی گفته است به‌یک گل بهار نتوان کرد

***

هر قدر نازی که می‌چینم ازو، روزِ دگر
باز می‌بینم که از جایی دگر گل کرده است

***

قلب مهرویان اگر سخت است مانند قروت
عشق را نازم که آب داغ فوران می‌دهد

***

مقصد از عشق ز دل جوی، که بحری‌ست عظیم
معنی بوسه ز لب پرس که کان سخن است

***

پایان راه گمشده را یافتم، دریغ
روزی که گام در رهی آغاز می‌زدم

***

مرغ استعمار چندین تخم می‌ماند به‌جای
گر یکی سرپیچ شد، آن دیگری قد می‌کشد

***

ابر چادر چو شبی بر رخت افتاد، مرا
برق الماسک دندان تو از خواب کشید

***

سخن از سخن گذشت و قلمم، قلم قلم شد
ز بس از وطن نوشتم ز بس از جفا سرودم

***

به شمار بوسه‌هایی که زدم به بند بندت
به همان شمار چیدم، گل انتظار بی‌تو

***

به گوشت قصه‌ها از چندوچون بوسه خواهم گفت
لبم از دست گل چیدن اگر گردد خلاص امشب

***

گرمی و سردی کند فولاد را برنده تر
عشق را نازم که "گاهی آب و گاهی آتش است"

***

دوش در بزم تو از حافظه عاجز بودم
کز کجایت نزدم بوسه که امشب بزنم؟

***

دوش از جام لبت بی‌خود و مدهوش شدم
شادمانم که ترا باده‌ی مردافگن بود

***

عاشق مهجور می‌ترسد ز استغنای ناز
تا گذارم دست بر بازوی او برقش گرفت

***

چگونه شعر بگویی به وزن امروزین
که چکمه برسرت از قرن هفت می‌بارد؟

***

پیری که پا، ز راه توکل برون کشید
ما را به استعاره خراب و تراب کرد

***

عکس خود را دید و دست از ناز بر ابرو کشید
قد نما شد آیینه از بس به‌خود بالیده بود

***

گرگ چون پیر شد و ریخت فرو دندانش
لاجرم رام کند روبه‌ی چالاکی را

***

بار هر کس را توان با دست یا بر دوش برد
وآنچه نتوان از برای کس کشیدن، منت است

***

خیال جلوه‌ات تا شب میان بسترم افتاد
قضا و بخت بد، تا صبح در پشت درم بودند

***

لبش به بوسه گرفتم، به بخت بد برسان
خبر، که دست تو تا شهر انتقام خلاص

***

ز بس ز خون شهیدان سروده‌ای «تائب»
قلم به دست تو، کلک بریده را ماند

***

دزد از فراز بام ربود، آنچه بود و ما
بیچاره در زمین پل پایی گرفته‌ایم

***

نقش دنیا در خیال ما نمی‌آید درست
دهر اسرائیل و ما گبر فلسطینی‌ستیم

***

چنان به فکر تو درخویش غرق گردیدم
که گر پیام فرستی، به خود چگونه برم؟

***

همین دو یار موافق مرا بس است که شام
یکی به شانه ربود و دگر به فرق آورد

***

عشق است که در جاذبه گیرد همه کس را
معشوق که شد، ملحد و اخوانی ندارد

***

در مرگ هم ز یاد تو غافل نبوده‌ایم
عادت نداشتیم که تنها سفر کنیم

***

گر نزد پای ترا خار تجرد، روزی
گژدم عشق به پیزار تو پنهان شدنی‌ست

***

مانند زاغ هرچه که کمپوز می‌کنیم
آهنگ افتراق و جدایی و نکبت است

***

پا از گلم خویش فراتر نهد از شوق
بیچاره غلامی که نداند که غلام است

***

قطره‌ها را نیست شور و شوق و وجد باهمی
ورنه گر با هم بیامیزند، دریا می‌شوند

***

خیال وصل جانان فرصت دیدار می‌خواهد
مرا یک بوسه تا دیدار دیگر شاد می‌دارد

***

ضیافتی که در آن حرف صلح می‌گویند
امید خیر مدار از شکم‌چرانی چند

***

رفت و گیر افتاد در دام سر زلف کسی
زنده باشد دل که تا پیری مرا تنها نماند

***

لشکر بوسه فرستم پی تعذیر لبش
که چرا بر سخنش مهر اطلاعت نزدیم

***

ما پشت لب سیاه نکردیم بهر عیش
ما را برای گریه ، خدا آفریده است

***

ازبسکه عاشقانه نوشتیم نامه را
دیگر نیاز نیست که آتش زند کسی

***

ز راز پرورش، از باغبان این نکته جالب بود
که پیوندی‌ست، آن شاخی که پندک زود می‌گیرد

***

مرا به خلوت شب خواستی، نمی‌دانم
کجای پیرهنت چاک شد که صبح دمید

***

به‌جز عکس تو تصویر کسی را بر نمی‌تابد
ز شوق روی تو آیینه هم گلباز می‌گردد

***

برای گفتنِ آن خواهشِ هوس‌آلود
چه لازم است، که زور شراب هم نرسید؟

***

چو ماهی‌ای که ببیند ز پشت موج سحر را
به گریه سوی تو دیدن چنان تماشایی‌ست

***

گیرم به زور برچه گرفتید شهر را
با زهر طعن و نیش زبان‌ها چه می‌کنید؟

***

ای باد مست لانه‌ی بلبل چه میبری؟
سیلاب باش و کاخ ستمگر ز جا برآر

***

گشتم چو بوی گل به سر و روی و دامنش
تا آن زمان‌که جامه به‌تن داشت نازنین

***

مرا ز وضع جدایی خوشم نمی‌آید
گرفته‌ام ز لبش بوسه‌ای که نقطه نداشت

***

من از تفکر خود شهره ام به علم و هنوز
خیال برگ کدو می‌کنند تاج مرا

***

شانه گردان نتوان کرد فلک را آسان
تا کمر راست کنی پاپچلک می آید

***

خمار وصل جانان فرصت دیدار کی دارد
مرا یک وعده تا روز جزأ بیدار می‌دارد

***

برو ای شیخ و از درس و دعا معذور کن ما را
تو گرم توبه‌ی خویشی و ما از سجده می‌شرمیم

***

تا نرم‌خو چو مرغ نگردد حذر کنید
هر وحشی‌ای که شاخ نزد برزه گاو نیست

***

بی‌حضور یار در جامم می گلگون مریز
ساقی، امشب حکم اعدام مرا صادر مکن

***

آنکه دارد رنگ بازی در مقام دلبری
همچو طاووس از پس اش برج هوایی می‌کشند

***

همچو چاک جامه با سوزن دهانم دوختند
ورنه می‌گفتم که باغم، از گل رعنا پر است
***

نسخه‌ی آخوند بستان، نی ز لقمان حکیم
واکسین در گوش‌ها چون می‌چکاند حکمت است
***

من به این آتش فشانی ها نمی آفتم ز پای
قائمم چون کوه چون استاد کارم قائم است
***

کوبند سر و کله‌ی همدیگر و افسوس
این طایفه‌ای نیست که سر داشته باشد
***

حال بد داشتم ز بیماری با تضرع شتافتم پیشش
با زبان نگاه نسخه نوشت، بعد با چند بوسه درمان کرد
***

با کشتن هرهموطن، یک‌تار ریشم ریخت
حالا دگر حور بهشتم کوسه می‌خواند
***

آخر شغال و گرگ بهم، سیر می‌شوند
بیچاره گوسفند که گرم چریدن است
***

دعای ما به خداوند کارساز این‌ست
که نسل تازه ای این باغ را ملخ نخورد

***

هرکی جان بخشد، سپاریمش به خاک
خاک اگر میرد کجا دفنش کنیم؟

***

بت شکستی غافل از تحریک جمعیت مباش
زانکه هر یک بهر خود طرح صنم خواهد کشید

***

بر شلوغ دزد و قطاع الطریق
یک سگ جنگی به از صد پیل مست

***

ز طول و عرض دعا کم کن و عقیده بیار
عریضه‌ی تو دراز است و ادعای تو خام

***

همین بس خوب‌رویان را که درس عاشقی دادیم
دگر در حق‌شان از دست ما چیزی نمی‌آید

***

چین بر جبین پرده‌ی شور و طرب فتاد
حالا مگر به خنده‌ی خفاش خو کنیم

***

به اعتبار دو چشمت که خورده بر رخ من
دلم ز چشم دو عالم دگر نمی‌ترسد

***

سرتان به که به سر نیزه و تلوار کنند
حیف آن کفش که بر روی شما وار کنند

***

تو از تمام عیوب جهان مبرایی
و شیر آدم و خرس و پشک سیه‌رنگ اند!

***

کارکن تا شوی محبوب خدا و مخلوق
دست پر آبله چون متن دعا مقبول است

***

نگاه گرم تو از سد آهنین گذرد
ولی حریر تنت ضّد مرمیی نظر است

***

بیچاره آفتاب چهل سال شد که هیچ
یک روز خوش ز چانته به ما ارمغان نکرد

***

عشق بالا دست جولان داد ما را سوی دوست
خاک ره گشتیم و از پرواز ما گردی نخاست

***

ما همه منتظران‌ایم که احوال آرند
تا بیفتیم به جان هم و یا دوست شویم

***

راز دل پنهان کن و حتما مگو با آیینه
زانکه اودر پیش چشمانت دهن وا می‌کند

***

خالی‌که اقامت به بناگوش تو دارد
چون دزد سر گردنه دائم به کمین است

***

خویش را پنهان کن از آفات این دوران ولی
نی چو مار افسونگر و نی همچو ماهی لشم باش

***

لبش از برگ گل لاله اناری شده است
میز آرایش او دامنه‌ی کهسار است

***

مرغی که رفت و خانه‌ی همسایه را چرید
بی‌غم نشین که تخم دورگ آورد پید

***

مردم دانا علاج درد خود آسان کنند
وای از ملکی که مکروبش حکومت می‌کند

***

درد سر دادی ام چرا ای خضر؟
فکر کردیم آب انگور است

***

فقر دارد امتیاز جوهر تهذیب بیش
زانکه دایم عشق از دل‌های ویران می‌دمد

***

از سر دیوانگی‌ها سر زدم در کوهسار
آسمان هم بی‌تفاوت از کنارم می‌گذشت

***

کنون کز راه ترکستان به حجازت گذر افتاد
مبادا جای زمزم بشکه‌ی ودکا ، فراموشت

***

از علم و فضل و حکمت و تهذیب دم مزن
این شهر بزکشی‌ست برو شیرپنجه باش

***

فرهنگ و فضل و فلسفه یک جو نمی‌خرند
در شهر بزکشی اقلن خرسوار باش

***

قسمت حواله کرد مرا چرخ، بی‌گمان
کز هرکسی به سهم خودش رنج می‌برم

***

همچو آن صیدی که از صیاد می‌خواهد نجات
تو رهایی از کسی خواهی که در تسخیر تست

***

می‌شود آخر رها زین گیرودار زندگی
یک‌دو روزی با خودت سر کن که فردا رخصتی‌ست

***

دگر پادرمیانی کار را یک‌سو نخواهد کرد
کنون گر مرد میدانی بیا سر در میان بگذار

***

گفتی مرا ببین و دگر هیچ گپ نزن
حالا بیا ببین که گپ از گپ گذشته است

***

از بس شدیم شسته به فتوای رنگ رنگ
حالا به گوش ما همگی آب رفته است

***

رتبه‌ی بالاتر از من نیست در شأن کسی
روح پیرم خوش، که در دیوانگی استاد بود

***

به انگریزی به گوشم گفت چیزی در هماغوشی
ازآن پس نازنین انگشت حیرت در دهان دارد

***

در بیابان طلب ای دل توکل پیشه باش
عقل اگر افتد ز پی شور جنون پیما که هست

***

سر دچار خشم دورانیم در دشت جنون
بار خود از دوش خر بر پشت قاطر بسته ایم

***

این‌قدر شخ کلّگی‌ها با ولینعمت چه سود؟
گردنش گر نرم با مالش نشد، بالش که هست

***

بر رخ این آسمان فتنه جو فصل بهار
ابر هم گاهی کلاشینکوف آتش می‌کند

***

جز پیش پای دیدن و خوردن لگد به پشت
این بزدلان ز همرهیی خر چه دیده اند

***

برحذر باش از هجوم خشم استغنای خلق
موج این دریا که زد بر خشکه، توفان می‌کند

***

قرآن را چون قروت هم می‌توان خورد
اگر شیطان تلک شان تو باشد

***

این‌قدر بر علم خود می‌نازی ای انسان ولی
ترسم آخر ذره‌ی ناچیز نابودت کند

***

رفتیم از جماعت تان سوی لامکان
ما را دو چشم شوخ و سیاهی ترور کرد

***

اینکه دستت نرسد تا سر آن شاخ بلند
تهمت ترشی به آن خوشه زدن نامردی‌ست

***

رفت و گیر افتاد در دام سر زلف کسی
زنده باشد دل که تا پیری مرا همراه بود

***

چند روزت ز جوانی به قرانطین طی شد
حال ما پرس که در بند ستم پیر شدیم

***

تعجب را به اهل پیش‌پا بین جهان بگذار
چه وقت حیران نبودی جان من کامروز حیرانی؟

***

بسیار گل بدیده‌ی من گرم می‌خورد
این آخرین بهار نباشد، عزیز من!؟

***

وقتی که غیر بر سر ما حکمران شود
باید چرید و شام چو گوساله شیر داد

***

ما آیفون صاحب رمزایم نازنین
تا آشنا به ما نشوی گپ نمی زنیم

***

نیم ظالم ولی از چاک دامان تو دانستم
که هر عضوت چو یخناک بدخشان چک‌زدن دارد

***

شکر نما که دهان از حرام بر بستی
وگرنه بستن بند زنخ که آسان است

***

به ریش و سبحه و عمامه و کلاه مپیچ
خداپرستی ما کم ز خود پرستی نیست

***

همیشه از سخنت گرم گشت خلوت انس
نگاه چشم تو نازم که نقل میدان است

***

تویی که چشم مرا دوختی به خود چون میخ
وگرنه تیر نگاهم ز سنگ می‌گذرد

***

بوسه‌ای داد ولی کام دلم ناقص ماند
که لب از تنگی جا، تا به زبانش نرسید

***

به جای کلچه زدن روز عید با یاران
کنون به جای خودت مثل مار کلچه بزن

***

در حق حکام خون آشام و مشتی زر پرست
جز دعاگویی ازین ملت صدایی برنخاست

***

قطع کردم دوش از باغم نهالی تازه را
روز دیگر ده نهال از ریشه هایش قد کشید

***

کسی که لایق یک حرف نیست، ساده منم
که در دو گوش بلندش قصیده می‌خوانم

***

حیف دشنامی که دیگر از زبانش سر نزد
ورنه سالی چند، ما را بی رقم، فاریده بود

***

مهر تایید زدید، آنچه که مردم گفتند
بارک الله ازین سوته مسلمانی‌ها

***

چه امید است نهالش ثمرافشان گردد
آنکه پیوند زند، ناژو و زردآلو را
***

تا قیامت این جدل پایان ندارد ای عزیز
نی پشک یارای خوردن دارد و نی موش بیم
***

یک بوسه کردمش دلم از شوق در گرفت
گویی دهانم از لبش آتش مکیده بود!؟
***

سرم هزار و دو صد کُوک خورد و پا نکشید
ز کوچه ای که ازان دلربا گذر دارد
***

عقل دانشکده می‌رفت که بیدار شود
عشق هم رفته و تدریس تماشا می‌کرد
***

میوه‌ی شاخ بلند تو و چیدن، هیهات!؟
این اناری‌ست که در شاخ مکیدن دارد
***

بهر بربادی ما تا دم آخر نه‌نشست
شعله هم بولهوسی بود زبانی زد و رفت
***

یک دو حرفی چون چکش بر روی سندان می‌زنیم
ما کجا لاف سخن، پیش سخن‌دان می‌زنیم

***

پریدم ز مرداب هستی بلند
أجل بهر ما تخته‌ی خیز بود

***

ای شیخ مرنج از من و بر درد میافزای
پرهیز تو با نسخه‌ی خیام شکستم

***

مرا ز نعمت دنیا عطش نمی‌شکند
علاج تشنگیی ما ز چشمه‌ی دگر است

***

آفت دنیا نیارد رنج بر دیوانگان
هرکی بیخود گشت در واقع دو آدم می‌شود

***

در آن محفل که حرف از نیش ومشت وطعن برخیزد
الاغ ما، لگد را در أجندأ پیش خواهد کرد

***

نام مرا در آخر حرفت بگو، که- بعد
جز نام من به‌روی لبت نام نگذرد

***

رسد چون خُم، کلاهش زود از سر می‌پرد گاهی
چو طغیانی شود دریا، ز بستر می‌پرد گاهی

***

اشک چون سر گلوله‌ی الماس
بر سر مرمیی نگاه من است

***

هرچه گردد گوسفندان چابک و سرشار و مست
گوشت خواران بیشتر با هم ملاقی می‌شوند

***

در برگریز هستی، یا، نوبهار مستی
حتا رها نکردیم، یاران موسمی را

***

ز بس شنیده‌ام از خون و خاک وخنجروخشم
به هرکی می‌نگرم جام لاله، در کف اوست

***

در آب برکه عکس خویش دید آهو چه می‌دانست
که این آیینه در آن‌سوی خود تمساح هم دارد

***

این زندگی که خواب سیه در قفای اوست
یلدا ترین شبی‌ست که ما روز می‌کنیم

***

تمام عمر زدم شانه بخت زلف سیه را
کدام شب که جدا از رخ تو یلدا نیست
***

بسکه درتعلیم ما جنگ است مضمون نخست
هرقدر مسجد بنا کردیم جنگ افزوده شد
***

یک سگ زرد ندیدیم کزین خصم‌آباد
راه در خانه‌ی تاریک شغالی نکشید
***

تاریک تر ز شام سیاه عقوبت است
صبحی که همچو بقچه‌ی رحمت صفا نداشت
***

در بیابان طلب ای دل تجّرد پیشه باش
عقل اگر افتد ز پا، شور جنون پیما که هست
***

کمال آدمیت جوهر تهذیب واحسان است
وگرنه خوردن و خسپیدن و زائیدن آسان است
***

بخت اگر یار شود بستر خار است حریر
و موافق نشود بالش پر، شمشیر است
***

شاخ پیر تاکم و این خوشه‌های خونچکان
کز رگ جان من آتش خورده، قربان شما

***

عدم این‌جا چقدر تشنه‌ی نخوت شده است
رنج هستی بچشانش که ز خود سیر شود

***

دایم ز لطف از ذقنات سیب خورده‌ام
ورنه ز ناز، توت صفت می‌تکاندی‌ام

***

خدا نکرده خرابات را زیان مرساد
که خاکروب درِ خانقه، وزیر شود

***

تا حمامی به جای خود باقی‌ست
کیسه مالان عوض نخواهد شد

***

گفتیم یک سحر دمد از مشرق سیاه
چل سال شب گذشت و خروسی صدا نکرد

***

تکیه گر براین کنی چون خس میان آب جوست
وان دگر غرق است و دست‌وپای بیجا می‌زند

***

بوسه از کنج لبش کردم و دشنامم داد
نقل شیرین مزه از تلخی بادام گرفت

***

ز بس بر سفلگان دادند میدان سخنرانی
حباب این‌جا به‌روی سنگ خالی می‌کند دل را

***

قدح این‌جا به خیال لب معشوق بریز
که در آن خانه دگر وقت می‌آشامی نیست

***

بهترین شاعر است چشمانت
که ز نقد و نظر هراسش نیست

***

دوش از محفل رندان خبری بیرون زد
ناحق آن سانحه بر گردن مینا افتاد

***

دهن بوجی فلک تا چند
بهر آلوده دست‌ها باز است

***

ازبسکه مست چاشنی حرف او شدم
هر بوسه در نگاه لبم بار اول است

***

به رهی که خلق عالم همگی دویده رفتند
ننهاده‌ایم پایی که به گِل نرفته باشد

***

صید آهو تب‌وتاب دگری می‌طلبد
هر سگ رمه درین بادیه تازی نشود

***

درین بهار که نوروز آن خجسته پی است
قیامتی‌ست ترا دیدن و نبوسیدن

***

ای فلک بالا پریدن‌های ما نادیده گیر
عمرها شد، ذره را ناچیز می‌پنداشتیم

***

آب را بستی که درماند ز تسبیح و نماز
بی‌خبر کاین شیخ در آتش تیمم می‌کند

***

ندارد وقت کافی تا به بالینش رسد ورنه
علاج درد او از دست عزرائیل می‌آید

***

آشیان بربند ازین شاخ درخت خشک بیخ
قرچه‌ی این باغ بر کرگس حکومت می‌کند

***

شانه بر گیسو مزن تا حق ما برجا شود
زانکه ما را مرجع قانون ز باب جنگل است

***

کاسه‌ی غولک شدم در دست طفل روزگار
هرکی را دشمن به‌خود بیند مراکش می‌کند

***

سوزن آنست که در بخیه‌ی زخم دگران
نیش از بهر علاج تن رنجور زند

***

خوشا زنبور عیار این تهی‌دست مداواگر
که از عصاره‌ی گل بهر ما اکسیر می‌سازد

***

از سخن افزون شود طغیان نفس آدمی
آدم پرگو به یک انگشت قمچین می‌کند

***

بوسه‌ای کردم از آن نوغنچه، رازم فاش کرد
همچو آدم اشتهای ما ز شوق خام بود

***

این سخن از پیر هندویم به‌خاطر مانده است
هرکسی بر وزن خود، هیزم در آتش می‌کشد

***

نمی‌توان به نظر معنی از نگاه تو چید
زبان چشم تو آرایه چون غزل دارد
***

خبر دهید به زاهد ز رستگاری ما
شهید ناشده با حور همسفر شده‌ایم
***

خدا قسمت کند با بوسه در یک روز جوزایی
ترا از شاخ کبر حسن چون گیلاس می‌چینم
***

پاس گل است و مدحت استاد حسن و عشق
هر نغمه خوان به شوکت بلبل نمی‌رسد
***

نشه‌ایم از قلزمِ درخویش پیچیدن، چو باد
سوی ما با چشم توفان بین که دریایی‌ستیم
***

خیز و رخت از خاکدان سرد دنیا جمع کن
همچو شبنم منت هر خار و خس نتوان کشید
***

لکه‌ی ذلت نگردد گم غلامان را ز روی
داغ یوغ از گردن یابو و قاطر کی رود
***

خدا مدد کند از لطف تا شوم واقف
که در فراسوی دیوانگی چه موهبت است
***

چون صبح نصف دامن ما را شب سیاه
پیچانده ورنه زود کمر راست می‌کنیم
***

گشتم به اقصای جهان، کردم درنگ و امتحان
آخر یکی دیوانه را عاقل‌تر از خود یافتم
***

آن خوشه‌ها که خام به بازار رفته‌اند
دیدی کزان طرف همگی کشمش آمدند
***

آواره‌ی سراب شعوریم و چاره نیست
ای بی‌خودی قدم زن و ما را به ما رسان
***

دلم هوای تو دارد، خدا قبول کند
نخوردن تو، چو خرمای تر گنه دارد
***

تا خوب‌تر رعنا شوی پیوسته چون گلبازها
می‌چینم از باغ رخت، خیشاوه‌های ناز را
***

گفتم که راه اشک بگیرم به چشم خویش
بر صورتم دوید و مرا از یخن گرفت

***

همه آموختگانیم افسوس
عقل ما در رگ گردن بسته‌ست

***

ترا حلاوت باغ بهشت داده خدا
نخوردن تو چو آلوی سرخ گمراهیست

***

چه بی‌باکانه می‌نازد به عیش خود ولی نعمت
که بهر چاپی ران سگش مزدور بسیار است

***

فغان خر بلند از بی‌تمیزی‌های آدم‌هاست
که مسکین می‌رساند بار کج را تا به منزل‌ها

***

زبون مال دنیا کی شود درویش دریادل
چه غم دارد ز دزد آن‌کس که جیبش غارها دارد

***

کوبند سر و کله همدیگر و هرچند
این طایفه‌ای نیست که سر داشته باشد

***

نشنیده گوش تاریخ، مگر از زبان مردم
که رئیس دولت این‌جا ولدالزنأ نباشد

***

وعده‌ام دادی که آیی در قیامت در برم
ای به‌قربانت که چون آیی قیامت می‌کنی

***

همرکابان طشت ما بی‌جا ز بام افکنده‌اند
ورنه فرصت‌ها غنیمت بود تا رسوا شدن

***

بیدل‌صفت چو صائب و چون خواجه صاف باش
در هر نمط به رمز سخن موشکاف باش

***

به این شمایل اگر عازم بهشت شوی
دلم به حالت حور بهشت می سوزد

***

برای مردم بیگانه عمری میزبان گشتیم
کزین مهمان‌نوازی جوی خون شد کوچه‌باغ ما

***

موج‌ها گاهی به‌هم این حرف تلقین می‌کنند
ننگ بر آن قطره کز دریا شدن ترسیده است

***

ز نگاه خود نخوانم، که تو ترجمان نباشی
نتوان به خویش دیدن که تو در میان نباشی

***

آسان بود تنیدن این رشته‌ها به‌هم
لیکن گره زدن به چنین تار مشکل است

***

کو همان رندی که گوید ارزش آیینه را
تا به چشم خویشتن بینی که خود بین نیستی

***

نه زیب گردن ایمان شدم، نه طوق مُراد
فلک شناخته ما را که بر زمین زده است

***

خطا سر زد ز دستم لیک در میزان عیاری
مرا تا پوره نشناسی خریدارت نمی‌گردم

***

چون گوسفند گمشده از رمه، عمرهاست
با خیل گرگ، قوله‌ی کفتار می‌کشیم

***

عشق بخشوده‌ست بال خود برائی کاین چنین
روز مرگ خویش چون پروانه می‌رقصیم ما

***

مشو بر زور بازو غرّه، کاینجا مغز در کار است
به زور خود اگر آفتی دو چند افگار می‌گردی

***

چاره‌ی هر درد، درملتون نماید، یا طبیب
دفع این مکروب آدم‌واره در دکان کیست؟

***

می شنیدم از زبان شاخه‌ی خشکی که گفت
برف را هم همچو گل تسلیم بلبل می‌کنم

***

بلند و پست اندام ترا دیدم به خود گفتم
خدای پوهیژی از لطفی که زیر پیرهن داری

***

خویش را پنهان کن از آفات این دوران ولی
نی چو مار افسونگر و نی همچو ماهی لشم باش

***

هنوزم باورم از بخت نگون‌سارم نمی‌آید
تو مهمان منی از لطف و من مهمان خویش امشب

***

ما: همان دیوانه‌هایی شهر پرآشوب و بیم
بر سر گنج خود، از دشمن گدایی می‌کنیم

***

ز شیرینی نمی خواهم ز آغوشت جدا باشم
که قاش سینه‌ات کیفی ز جنس عسقلان دارد

***

زندگی آبستن ایجاد وضع خرخری‌ست
نعل باید کرد و آدم را لگدآموز ساخت

***

به‌غیر از پس‌لگد، باری نخواهد برد، ای دهقان
برآور مغز این خر را که یک شلغم نمی‌ارزد

***

می‌شود این باغ زین مزدورها آباد و سبز
گر درخت نارون، خرمای تر بار آورد

***

حرف صلح از لحن جنگ‌افروز باید یافتن
زخم سگ را با زبان سگ مداوا می‌کنند

***

مباد عکس ترا در خیال حفظ کند
به چشم آیینه هم اعتبار سابق نیست

***

به هوش باش که شام است و روزه افطاری
تبسم از تو و یک بوسه روژه مات از من باد

***

به قدر میوه‌ی خود سایه کن مباد کسی
ز شاخ بی بر تو، تیر یا کمان سازد

***

چوچه مرغی را چه خوش مادر ز حکمت پند گفت:
در دهان مار چون رفتی، برآمد مشکل است

***

بسکه این‌جا خار جینجک کِشته اند
هر کی آمد، «کون خود خارید و رفت»

***

هرقدر بیدارتر گشتم درین مخمل‌سرا
نرمی بالش مرا باردگر در خواب کرد

***

پاسدار تاج و نام خویش باش ای نوخروس
ناخن این ماکیان و دمچه‌ی گژدم یکی‌ست

***

روزگاری‌ست که در دیگ کلان می‌جوشیم
چمچه‌ای کو که به ساحل بکشاند ما را

***

تخم بدگوهر چو روید خاک فاسد می‌شود
نسل گژدم می‌شگافد پشت مام خویش را

***

از سیاست دم زدن ناگاه در بزم نشاط
در میان دوغ مهمانان مگس افکندن است

***

زرد است و با طپانچه‌ی باد است روبروی
این برگ‌ها ز شاخ نیفتند، چاره چیست؟

***

با چنین آتش و سر نیزه و یغما و جنون
مستند ساخته‌ای سده‌ی آغازین را

***

می‌خورد پهلو و پشت مادر خود را نخست
هیچ گژدم خیر از پرورده‌های خود ندید

***

اگر غلط نکنم بهترین مسلمانی
سلوک خدمت و بیزاری از ستمکاری‌ست

***

شادم که اگر خیر ز دستم نرسید
اسباب ملال هیچ خاطر نشدم

***

به لب چیدم ز شاخ حسن او سیب زنخدانی
غضب آورده و زندانی باغ انارم کرد

***

ای عشق اگرچه قهر تو درس محبت است
ما را بقدر حوصله‌ی ما عذاب کن

***

مباد کعبه شود غرق از تهاجم شیطان
گناه خود به در خانقاه دل بتکانید

***

غرق ظلم استم حساب زندگی از من مپرس
آب چون از سر پرید اندازه کردن مشکل است

***

دین‌فروشی تجارتی‌ست بزرگ
که خلاص‌اش، به دست یزدان است

***

ساز بزمی که از آن اهل تکبر مست اند
چو طنینی‌ست که در رعشه‌ی بال مگس است

***

زند گردن نخست و بعد، جراحی کند تن را
طبیب درد ما، از جنس قصاب است پنداری

***

بسکجه بر کافور عُرف کهنه عادت کرده‌ایم
مرده هم، گر دل کند بر ما حکومت می‌کند

***

چه می‌پرسی ز کیف و لذت گفتار او ای دل
زبان من به وصف قند گفتارش نمی‌گردد

***

ما نسل سبزه‌ایم به میدان روزگار
در پیش پای گاو و شتر قد کشیده‌ایم

***

بر در و دیوار این معبر به خون بنوشته اند:
معبد است این؟ یا که سلاخی و یا ماشین گوشت؟

***

روی بر بیگانه کردن راه بر خود بستن است
حیف ما، دیوار را دروازه می‌پنداشتیم

***

جز چکمه‌ی تحجر و آسیب جسم و جان
فضل و کرم مخواه ازین کهنه پیخ ها

***

چه غم داری ز جای تنگ و اسباب شگوفایی
هنوز از بهر قبرستان زمین و باغ شدیار است

***

ای که بر ما تهمت کافر زدی هشیار باش
نیستم، از دست تو از دین خجالت می‌کشم

***

دل بر جهان مبند و رسالت‌شناس باش
ما را برای کندن جان آفریده اند

***

از عدم چند صبایی به جهان آمده‌ایم
هرکجا قسمت ما بود همان‌جا وطن است

***

در ملاقات تو، در واهمه‌ی شرم و سکوت
داغ صد بوسه‌ی ناکرده به لب ماند مرا

***

در مقام نفع نفسانی تجارت‌پیشه باش
دین و دنیا کی توان در یک ترازو تول کرد

***

پیرهن‌چاک چو در چشمه وضو می‌کردی
کوه چون دید ترا، زلزله از یادش رفت

***

معاذالله اگر آنجا هزاران حور عین باشد
چه حاجت حور را غلمان چو با ما همنشین باشد

***

چون مرغ زخمی‌ای که به کهدامن آمده‌ست
ما را زمانه هوشپرک آفریده است

***

به شلوغ جاده دیدم که به من مقابل آمد

چو غزال شوخ چشمی که پلنگ دیده باشد

***

هر چه اندیشه بود پا نگرفت، این وطن مرجع سیاست نیست

خیر اسلام را درین میدان، خالق لایزال پیش کناد!

***

دیدم که سایه‌ات به کنارت فتاده بود

خواهم دگر، که یکه و تنها ببینمت

***

چشم او رحمی به حالم کرد ور نه از عتاب

حکم اعدام مرا با نوک مژگان می‌نوشت

***

چه حکمت بوده از روز ازل این قوم سرکش را

که گر یک خطوه پیش افتد دو منزل پس‌کشک دارد

***

هیبت سیل از شکوه صخره می‌آید پدید

ورنه در آغوش صحرا آب در گل مانده است

***

نزاکت آنقدر دارد به هنگام دُرافشانی

که الفاظ از دهانش سوی من رقصیده می‌آیند

***

ز حرف بیهوده نشخوار کردنت معلوم
که هضم و جذب سخن در خور دماغ تو نیست

***

سیاست را به دین آمیختم، چون آب و روغن بود
ولی دین را به روغن چرب کردم، هردو خنثا شد

***

رخنه‌ی دیوار را نازم که بعد از انتظار
آخرم انداخت در چاه زنخدان کسی

***

به جمع سفلگان، حیرت هم اسباب تحیر شد
دهان آنجا به قصد بسته بودن باز می‌ماند

***

قدر نیکی چو ندانست کسی خرده مگیر
تو چه دانی که حیا هردو لبش دوخته است

***

چشمت آیینه ز دست گل بادام گرفت
نگه‌ات باج ز خورشید لب بام گرفت

***

به رهبران جنون دل مبند روز مصاف
که مثل بودنه راه گریز می‌جویند

***

محمل این کهنه‌باورها کجا خواهد رسید
کز پی هر خرسواری صد شتر صف بسته اند

***

به بزمِ ساقی و پیمانه و جام و سبو دیدم
خم سر بسته می‌رقصاند از مستی تکیلا را

***

عزت مجو ز وصل فرومایه هیچگاه
از پشم سگ کلاه نمد کی توان گرفت

***

آنکه در دامن ما منتقل آتش افروخت
یا الهی که چلوصاف شود پیرهنش

***

دهان ببند زنان حرام و حرف درشت
ترا که عادت نشخوار کردگار نداد

***

ز رهبرهای فاسد فکر همراهی مجو هرگز
سگ دیوانه فرق گرگ و میش از هم چه میداند؟

***

یک دو روزی ریگ صحرا پشت مجنون رفت و دید
پیش راهش هرکجا کوه است، زانو میزنند

***

هزار دجله‌ی خون شست خاک و سنگ زمین
ولی شگوفه همان بو، در آستین دارد
***

بهار آمد ولی می‌ترسم از نافرمانی دوران
که جای گل ز شاخ نسترن پشم شتر روید
***

منزل ما دور و فیض صبح صادق ناپدید
بهر جان کندن دراین اطراق شب پاییده‌ایم
***

مخور فریب نظر در عمل ببین و گناه
که روی صفحه سپید است و پشت نامه سیاه
***

چون به جایی می‌رسی با اهل تمکین نرم باش
موج دریا چون به ریگ ساحل آید مرده است
***

بوسه‌ام از خط سرخ لب گذشت
بعد ازین جنگ زبانی می‌کنم
***

هزار نعمت الوان و گرم و سرد جهان
فدای لقمه‌ی نان چکیده‌ی وطنم
***

شعله افکندی ز کبر و کینه بر اصحاب فقر
عاقبت این شعله از کلخن به گلشن میزند
***

نصف پیشانی‌ات از کاکل و نصف دگرش
قسمت زلف و من و یک‌دو سیه‌روی دگر
***

ترا فضیلت باب کرم میسر نیست
که فرق روزه ندانی ز پوزبند زدن
***

خوشا به حالت آن صائمی که در دم شام
دعای مرد گدایش طنین افطار است
***

خدا عواقب گرمابه را به خیر کناد
که کیسه‌مال غضبناک و گلخنی مست است
***

در چمن آیینه‌دل باش که مجذوب شوی
برگ گل تخته‌ی خیزی‌ست که شبنم دارد
***

بد روی و زشت‌خوی و سبک‌دست و زرپرست
معشوق کور و شل بود اما، شلیطه نی!
***

دعای محتسب گویی که بر ما مستجاب افتاد
که آب کوزه‌ی ما طعم آتش می‌دهد امشب

***

رنگ لعل یار از خون دل من بوده است
لب‌سرین گرگ، از رگ‌های گردن بوده است

***

ز گُرده‌ی چپ آدم به‌غیر عشق نریخت
چه فتنه‌ها که نزاد این قبرغه راستی‌ها

***

بالاتر از اشتها بزن، پرسان نیست
یک‌بار برای خویشتن نیز بمیر

***

دهان برابر هر لقمه باز خواهد گشت
ولیک هوش، که دروازه‌ی گلو تنگ است

***

تا که نی آتش بجا ماند، نه خاکستر، نه دود
بعد ازین افیون ز راه گوش می‌باید کشید

***

صدف است آن‌که گهر ریزد و پنهان گردد
جز کفیدن چه کند هرکی سبک شد چو حباب

***

مرا ز صحبت طوطی همین خوش آمده است
که حرف خویش فصیح و جویده می‌گوید
***

آدمی یک کمی حیوان شدن آموخته بود
ورنه در جنگ مذاهب همگی سوخته بود
***

ماهی از آدمی پنهان شده ، زان رو که مباد
نعمت لشمی بیچاره به سرقت برود
***

می‌رسد از اهل عرفان فیض بر روشن‌دلان
شمع را با شمع دیگر می‌توان افروختن
***

بر مراد دل شگوفا شو ز بی‌برگی مرنج
گل ندارد خجلتی از رنگ و بو رسوا شدن
***

جمعی که شد به قبضه‌ی تبعیض خود اسیر
مزدور را ز پنجره کاکا صدا زدند
***

نردبان وصل جانان از عدم شامخ‌تر است
عشق ارزان کرده بر پروانه بی‌پروا شدن
***

عنکبوت عشق بر عزم خود و عهد خود است
از مگس باید شنودن رمز نابینا شدن

***

دو چشمت بازسازی می‌کند مخروبه‌ی دل را
خوشا ویران‌سرایی کز تو عشرت‌خانه می‌گردد

***

گفتم به سرو حاصل عمرت چه بود، گفت
در شاخ خود، دوشاخه‌ی غولک نداشتم

***

گر دیگران ز عشق و هنر بهره‌ور شدند
بیچاره ما ز آتش و خون ارث برده‌ایم

***

گاه دست خرس می‌بوسند و گه پاهای فیل
گردن این پیش‌پابینان رگ غیرت نداشت

***

دل ندارد خبر از منزل معشوق ولی
اینقدر هست که آواز سگی می‌آید

***

معجزی هست که در نبض کرم دَم باقی‌ست
زین همه تیغ که بر پیکر ایمان زده اند

***

جرم دلاک است، قاصر کودک معصوم نیست
ختنه کرد و نعره‌ی تکبیر بر چول‌اش نخواند

***

قربان دور باش نگاهش که در حضور
کز هرطرف که می‌نگرم خار می‌خورم

***

چون گدای عشق روزم رفت در بیهوده‌گی
تا که یک دنیا بغل نزدیک شامم داد و رفت

***

لکه‌ی خفت چو بر دامان نام کس نشست
با صد اقیانوس زمزم پاک نتوانست کرد

***

هرکی آمد بخیه‌ای بر زخم ما افزود و رفت
ناف این ملت نمی‌دانم چه‌کس خواهد برید

***

اگر به لعل لبت میل درفشانی نیست
خدا دو چشم ترا از سخن نیاندازد

***

از رخنه‌ی دیوار چه کیفی که نکردیم
حسن تو ز هر زاویه رنگ دگری داشت

***

در حیرتم از جمع پری‌رو که در آن جا
هفتاد و دو تا نام دل‌انگیز چه باشد؟

***

در حضورش که به من رخصت نظاره نداد
نگه‌ام پا ز گلیم مژه بیرون نکشید

***

هرچه آمد بر سر مؤمن تقاضا باطل است
ختنه چون کردند، تاوانش گرفتن مشکل است

***

به حور و ساقی رضوان خبر ببر که مرا
از آن شراب که ملا خورد، ننوشانند

***

خوشا آن کشوری کانجا ز روی عدل و آزادی
نه سگ حق پشک را می‌خورد، نی خر از آدم را

***

از دیار خواجه عبدالله جای شور عشق
غچ غچ دندان آدم‌خوار می‌آید برون!

***

مگسان کوچ کنید از سر نعش مردار
که از آن سوی لجن خرمگسی می‌آید

***

ز زخم بازوی خود اتکاء به غیر چه حاجت
که غیر گردن خویش‌ات شکسته‌بندی نیست

***

خیال مردم آزاری اگر داری، بگو حکمی
پارادوکسی درین مبحث بیار و هرچه خواهی کن

***

برگ و بارم از تو افزون گشت و عشقم تازه شد
ای که در باغ دلم چون کود کیمیاوی‌ستی

***

بنازم چشم عرفان‌پرور او را که در مستی
ورق‌گردان کند در یک نگه دیوان حافظ را

***

حرفی از دل نکشیدیم و مجازات شدیم
وای از آن روز که ما هم سر گفتار آییم

***

اگر که با تو به یک جامه تا سحر باشم
من از نشاط در آن پیرهن نمی‌گنجم

***

به افسون کی توان چون گوسفندش در کمند آری
رمیدن همچو خون جاری‌ست در رگ، نسل آهو را

***

به هر چه می‌نگری رنگ اعتماد در اوست
جهان به سرمه‌ی نا آزموده می‌ماند

***

بنای کعبه سیه‌پوش شد ز دست شماست
وگرنه سنگ چه پروازی خار و خس دارد

***

ز پیش باغ صنم رد شدم به خود گفتم
که این حدیقه چه خوش سیب زودرس دارد

***

قشنگ نامه نوشتی قشنگ تاپه زدی
که چاپ بوسه سرخ تو با سوادم کرد

***

ما ز خامی، قصد ره‌بردن به توفان داشتیم
چون حباب، آخر نسیمی بادبان ما شکست

***

تپیدن کرد ما را یک قدم نزدیک‌تر با دوست
چو ماهی جست‌وخیزی داشتم بیرون ز دریایی

***

ز زخم روی و جبین، اتکاء به غیر مبر
که غیر کاکل خویش‌ات مگس پرانی نیست

***

تا به انداز قدت ، رنگین‌کمان آرد پدید
آسمان از پشت بامت قد بلندک کرده است

***

وای از تعصبی که روا شد درین دیار
دیوانه را نماند، که مشق جنون کند

***

در میان این همه عشاقِ سر تا پا کبود
من خجالت را ز انداز نگاه آموختم

***

می‌زنم پیوند تا نسلی دگر آید پدید
بید مرمی‌خورده و شمشاد خون‌آلود را

***

هر کاسه‌ای که داغ‌تر از آش خود نبود
در مسلک سیاست امروز، کاسه نیست

***

ز چشم خم نتوانی شناخت آدم را
که چون عقاب نظر افکند فرو، ستم است

***

باز بالای سرم پرسه زنان می‌چرخی
ای أجل روشنی از تست و یا مهتابی‌ست

***

هر چه کوشیدیم تا فردا شود فردا نشد
یا مگر بندول عمر ما چو ساعت جر شده

***

باد می‌آید که تا زلف پریشان ترا
از بناگوش سپیدت کوچ اجباری دهد

***

در مسیر کاروان رفته سوی شهر عشق
ما چو گردی بر سر نقش قدم افتاده‌ایم

***

چرسی‌یی، شب کهکشان را دید و با لبخند گفت
بند ایزار فلک، از دست ما سکلیده است

***

برده هوش عالمی را آتش خاموش ما
تف نکرده جوش آمد دیگ بی‌سرپوش ما

***

خصال آدمی آموز، ورنه در رهِ عقل
خباثتی که دوپا کرده، چارپا نکند

***

تاج را گفتم ازین بالا نشینی‌ها چه سود
عاقبت روزی چلم‌بردار پیزارت کنند

***

به قدرت تکیه چون کردی چو روبه، صبر و تمکین کن
ولی غرش‌کنان در روز استعفا، ز جا برخیز
***

ازین عمر دراز «سنگ‌پشتی» هیچ یادم نیست
جوانی در کجایش بود تا تجلیل می‌کردیم
***

لگد از روز ازل تحفه‌ی سردستی اوست
این خری نیست کز آدم شدنش شاد شوی
***

اژدها بعد از کمین، سویت تقرب کرده بعد
کله‌ات را ابتدا، با نیش بی‌حس می‌کند
***

دندان شانه می‌شکند دست‌های من
بازی به زلف او چو به پشت کمر کنم
***

شُکر روز نیک بختی شد فراموشم که حال
در شکنج پنجه‌ی ایام گیر افتاده‌ام
***

نگاه گرم کی افتاد در نگاه حباب؟
که در سراسر عمر اضطراب در دل داشت
***

خر اگر منشی قانون مجازات شود
حکم اشدّ مجازات، لگد خواهد بود

***

مکوب سخت چنین، میخ خیمه‌ی خود را
که این رباط سپنج، از پدرکلان تو نیست

***

مخور فریب که شرعاً، بهانه می‌گیرند
که ناف کشورتان نابریده مانده هنوز

***

هرچند در فکاهی این بزم خنده نیست
یک‌هفته بعد گریه ز تمساح می‌کشد

***

برو فریضه معین به خویش کن که نلغزی
وظیفه‌ی تو تعیین بهشت و دوزخ ما نیست

***

گفتی که به زنجیر و به غل گیرمت آخر
زود آی و بغل گیر که ما کشته‌ی آنیم

***

از بس لبش ز خنده حلاوت نهفته است
از بهر ما به دست مگس‌کش گرفته است

***

با زبان دل خدا را یاد کن زانرو که لب
با لب پیمانه و لب‌های سرخ آغشته است
***

در آجندای عشق‌بازی من
بوسه گاهی ز لیست می‌افتد
***

گفتم ای اشک چه شد شوری و سوز و اثرت
گفت کان نمکی بود، که سیلابش برد
***

عاشقان ازبس که سانسور تحسب دیده‌اند
زیر نام مستعار، عشق مجازی می‌کنند
***

از وهم زمانخورده، به جز رنج نبینی
فکر تو چو دندان من از ریشه خراب است
***

آهوی مست تجربه‌ای داشت این‌که گفت
کفتار پیر خیز بلندی نمی‌زند
***

رو به سویم دارد و در دل خیالی دیگری
چشمش امشب سوی من فیر هوایی می‌کند
***

سکوتی داشتم در صحبت زاهد که می‌دانم
چنان آموختم درسی، که افلاطون نیاموزد

***

شب درازی چون کند، پهلو بگردان خواب را
چون شفق بر روی ظلمت، جز دمیدن چاره چیست

***

می‌زند طور دگر، گر لگد از یادش رفت
این خری نیست که با رسم تو آدم گردد

***

چشم شیرین‌سخنی داشتن از بدگهران
انتظار عسل از خیل مگس داشتن است

***

ای باغبان بی‌خبر از رمز آفتاب
گل را چرا به سایه‌ی دیوار می‌کشی؟

***

عشق بخشوده‌ست بال خود برائی کاین‌چنین
روز مرگ خویش چون پروانه می‌رقصیم ما

***

مشو بر زور بازو غرّه، کاینجا مغز درکار است
به زور خود اگر افتی، دو چند افگار میگردی

***

با بوسه زدی مهر خموشی به دهانم
دلتنگم از آنرو که مجازات دگر چیست؟

***

آباد شد، اما ز درون پوچ و تهی ماند
خوش آنکه ز ویرانه وطن داشته باشد

***

سرخورده، پا شکسته به میدان روزگار
آخر به پای عشق تو فوتبال هم شدیم

***

پیر زن مشاطه‌ای در خاطراتش می‌نوشت
زلف کابل هیچ‌گاهی، این‌چنین جنگل نبود

***

جهان پر است ز سردی، کجاست منقل عشق
که صندلی به‌سر بام کهکشان ببریم

***

شوم ز درس تو سرشار بعد ازین ای شیخ
که آب مدرسه امروز رنگ دیگر داشت

***

بده ساقی مرا از شوکران تاک گیرا تر
به ظاهر هم اگر غم کم کند از نادرات است این

***

دوش با من گفت غیر از من چه داری آرزو
با زبان بوسه در گوش لبش گفتم که: هیچ!
***

درون ذره هم از رقص روی یخ بزمی‌ست
ثبات عمر طلب می‌کنی به جولان باش
***

کاتب چشم ترا نازم که در میدان عشق
سرنوشت ما به یک مژگان زدن از سر نوشت
***

بار کج را ز در خانه به بازار رساند
بی‌زبان گفت که ما را ز چه خر می‌گویند
***

بسکه شیرین بود، با یادت خیال آراستن
چشم را پرواز دل مژگان به‌هم آورده بود
***

خواند در گوش گل از نا بخردی هایش، تگرگ
کار یک پروانه را صد زاغ نتوانست کرد
***

خدا کوته کند عمر همان کاکای خودبین را
که با دندان لق تمرین کند دشنام و توهین را
***

غیر شاخ و نیش زین خودباوران حرفی مخواه
گاو و گژدم بیش ازین دیوانگان آدم‌تر اند

***

قدر یک غنچه‌ی لبخند چو نشناخت کسی
چه عبث گر به رخش باغ بغل بگشایی

***

تا که سنگ و سرب می‌بارد درین خون‌خورده خاک
زیر یک چتری نیاسودم که بارانی نداشت

***

به دو چشم آبئ او، دل من چریده عمری
دل آسمان‌تان خوش که ستاره می‌چراند

***

نهال قامت او دیدم و به خود گفتم
به شاخ سرو کی پیوند کرده لیمو را

***

این‌که بر صفحه‌ی آیینه چنین صدق و صفاست
سند خویش به پشت ورق انشاء کرده

***

خارپشتی کودک خود را نوازش داده گفت
این پسر از هفت پشت خویش مخمل زاده است

***

چو جای ماست زیر یک بغل خاک
چه شرمی گر همه یک‌دل نباشیم

***

از خوب و زشت آنچه مرا کرده مبتلا
شیرینی نگاه تو و تلخی می است

***

شاخ پیر تاکم و این خوشه‌های خونچکان
کز رگ جان من آتش خورده قربان شما

***

رفتند اهل کرسی و أمن از قفای‌شان
کو کون کاری این‌که نشیند به‌جای‌شان

***

خدا سمیع و حکیم است ورنه از سر ضعف
دعای ما ز جگر تا گلو نمی‌آید

***

ای دل از ظلمت سبق‌آموز شو بیدار باش
شب اگر یلداست، آخر روز جوزا می‌رسد

***

دارم امید که در برگه‌ی تقویم فلک
روز جوزایی ما چون شب یلدا نشود

***

تمام عمر زدم شانه زلف بخت‌سیه را
کدام شب که جدا از رخ تو یلدا نیست

***

همان سخن که به گوشت نمی‌توانم گفت
هنوز در دهنم همچو تار مو باقی‌ست

***

تا نه‌خشکاند ترا، از کلّه پوچان دور باش
زانکه درد گوش در مغزت سرایت میکند

***

قسمت حواله کرد به من، چرخ رایگان
کز هرکسی به سهم خودش رنج می‌برم

***

بسکه خاک‌افتاده‌ام در روزگار بی‌کسی
سایه هم بر فرق من با پنجه‌ی پا می‌زند

***

تا که سنگ و سرب می‌بارد درین خون‌خورده خاک
زیر یک چتری نیاسودم که بارانی نداشت

***

نگاه مختصرت بقچه‌ای ز گوهر داشت
که در مسیر دویدن ز دوش اشک افتاد

***

جواب نامه نگفتی ولی دعا گوییم
خدا ز زخم زبان قلم نگه دارد

***

برای بوسه زدن گشته‌ام تمام تن‌ات
خلاصه این‌که کجای تو انتخابی نیست؟

***

بی‌هدف زد آسمان گنجشک وارم بر زمین
خاک می‌گوید که صید لاغرم درکار نیست

***

من از هوای عدم حرف می‌زنم، هشدار
که بد به کس نرسانید، هیچ حرفی نیست

***

ز باد رفته مرنج آنقدر که مادر دهر
تمام ملک جهان را مشنگ کاشته است

***

فلک دست بلندی داشت در بیچاره‌آزاری
کنون مغز زمین هم جوش برمی‌دارد از کینش

***

زور بی‌جا می‌زند از بهر صید چاق‌تر
این مگس آخر سر جولای خود را می‌خورد

***

هرکس ز فیض دانش خود بهره‌ور شود
استاد جبر و فلسفه سگرت‌فروش شد
***

مبارک باد حال پاکبازان - خوش قماری گفت
به کمسایيِ چشمی هرکی می‌بازد دل و دین را
***

هرچه را بشکنی از قیمت آن کاسته ای
آدمی چون شکند قدر و مقامش دگر است
***

گاه می‌خندد به عقل و گاه می‌گرید به عشق
ساعت مهتاب تیر از دیدن ما و شماست
***

تا در تنور عقل نپختی، درین سرای
در گوش کس فرو مبر ایمان خام را
***

زبان نرم بلی‌گوی را که می‌شنوی
چو عنکبوت کمین در ته‌ی کمین دارد
***

هندوکش یک وقت می‌زد کله بر چرخ فلک
از تبه کاران کنون سر را به زانو می‌زند
***

سنگدل با بی مروت عهد کی بندد به جای
گرگ هرگز دوست با قصاب نتواند شدن

***

پیش موج بیکران بحر ناپیدای عشق
پای و دستی می‌زدم گر دست وپا می‌داشتم

***

خوشا به حال تو ای مرغ آتشین‌منقار
که روی شاخه‌ی بن‌بست آشیان بستی

***

به نصیحت نتوانی به رهش آوردن
این خری نیست کز آدم شدنش شاد شوی

***

مکوب سخت چنین میخ خیمه‌ی خود را
که این رباط کهن از پدرکلان تو نیست

***

آراسته دیدم سر گیسوی سخن را
انگار در ان یار قلم کش کده باشد

***

ما خود ازجوش خُم اینجا سر و رو، تر کردیم
دگر از ما خبر خشک به ساغر نه برید

***

هرگز نرفت لذت یک بوسه از لبم
روزی که گونه‌های لطیف تو شور بود

***

همچو غولک گشته‌ام در دست طفل روزگار
هرکی را پرزُور می‌بیند، مراکش می‌کند

***

مرض ما به جهان پخش شد ای دل چه عجب
گر همه جنگ گزینند و مسلمان گردند

***

رنگ قلمم خشک شد از رفتن استاد
چشم غزلی کور! که آن یار نبیند

***

بوسه‌گاه عشق را از عاشق دیوانه پرس
کان شهد غنچه را زنبور می‌داند کجاست

***

ز پلوان چون گذشت این سیل در تهداب می‌آید
اگر از جا نخیزی، زیر پایت آب می‌آید

***

خم گفت کنارم بنشین عربده سر کن
آماده‌ی هرگونه شرار است دل ما

***

آدمی زور خود نمی‌فهمد
زان سبب باد در شکم دارد
***

با زشت‌رو معاشرت از روی لطف و مهر
موسیچه را به محضر خفاش بردن است
***

پایی که دراو یک رگ آزار نباشد
نقش قدمش بوس که خضر تو همین‌ست
***

حرف دل را به کسی گوی که یک‌دل باشد
ورنه بهتر که خودت جهر به بازار زنی
***

ای‌که سرخورده ز ابهام و خرافات شدی
راه میخانه بجو مرجع تقلید آنجاست
***

بهر بربادی ما تا دم آخر نه‌نشست
شعله هم بولهوسی بود زبانی زد و رفت
***

چو نیست حرف خوشت، هردو لب پلستر کن
که لین برق زبان تو شارتی دارد
***

باش چون جیب بغل در برم، آرام بگیر
گر ترا حوصله‌ی جامه به‌تن کردن نیست

***

بشارت از رحیق و حور و حوض کوثرم دادند
دریغم شد، بپرسم از سماع و بزم و ساز آنجا

***

می‌خواستم که ناله شوم در گلوی خویش
اشکم گرفت راه، که فرصت غنیمت است

***

زخم چشمی خورده‌ام، خود را به صحرا می‌زنم
هرطرف خون رفت، می‌آید ز پی صیاد من

***

روزی افزون است خوشحالم و لیکن عمرهاست
خنده تنها بر رخ دکتور دندان می‌زنم

***

ز هیچِ خود به بلندی نشسته مغروریم
فلک شناخته ما را که بر زمین زده است

***

هوای بام تو از دل نرفته است هنوز
همین قدر ز پر و بال بسته می‌آید

***

گردن ما به دوصد کشتی می نرم نشد
این چه ساغر که به یک جرعه‌ی آن مست شویم؟

***

پنجه کش قحط است، یادت هست آن روزی که ما
سیلی تلخی به روی نان سیلو می‌زدیم

***

زندگی بار کجی بود به دوشم افتاد
چار سو راه، ولی راه سفر مسدود است

***

از برای بردن بار صداقت روی دوش
خر فراوان است اما جمله جفتک می‌زنند

***

به ریاضت چو نشد، پی به رشادت بردار
برو و ره به سراپرده‌ی دل پیدا کن

***

رفت مفت از دست گوهر ناشناسان ذلیل
این نگین در طول عمر خویش یک زرگر نیافت

***

کجاست آنکه رود سرخ‌روی ازین میدان
به هرکی می‌نگری چوته در بغل دارد

***

شانه‌گردان کی توان کردن حریف گُنده را
تا زنی در بند نافش، پال پیچت کرده است

***

همان سخن که به گوشت نمی‌توانم گفت
هنوز در دهن‌ام همچو تار مو، باقی‌ست

***

چای تلخی داشتم، مهمان ناگه در رسید
جای تلخان با خودش، اوقات تلخ آورده بود

***

رهء گریز تن از تنگنا، فراوان است
بگو چه‌گونه ز خود می توان فراری شد

***

پاس گل است و مدح سلاطین حسن و عشق
هر نغمه خوان به شوکت بلبل نمی‌رسد

***

سایه‌ام از من نهان در گوش درز خاک گفت
پای این دیوانه را کی پیش خود کش می‌کنی

***

تنها به قدر قامت خود جامه را مپوش
از خیز خود هم، اندکی خیاط را بگوی

***

تا کس نه‌بیند و نخورد حسرت از فراق
خار بغل ز بوسه‌ی دلدار می‌خورم

***

چه بگویم که ملائک همگی می‌خوانند
چاپ انگشت من، از فیته‌ی دور کمرش

***

بسکه خاک افتاده‌ام در روزگار بی‌کسی
سایه هم بر فرق من با پنجه‌ی پا می‌زند

***

تا به دامن پاره کردم دوش از دیوانگی
رفتم از خویش و نمی‌دانم گریبان از کی بود؟

***

دو زلف افتاد بر چشمش، نظربازی مکدر شد
که دایم زاغ بر سر می‌زند شاهین مسکین را

***

به فکر یار نهادم بهم دو مژگان را
دلم خوش است که پرواز من خیالی نیست

***

آنقدر از خویشتن دورم که هرجا می‌روم
هرچه می‌آید به چشمم پاره‌ای از من در اوست

***

رام گشت، اما قدم بر کرّه‌ی مهتاب ماند
علم اگر یاغی شود آخر کجا خواهد رسید؟

***

موش افتاد و از آن سوی برآمد – می‌گفت
چشمه می‌خواست مرا غرق کند عمق نداشت

***

باش چون جیب بغل در برم، آرام بگیر
گر ترا حوصله‌ی جامه بدل کردن نیست

***

جهان به یک مژه برهم زدن نمی‌ارزد

حباب‌ها همگی حرف راست می‌گویند

***

چشمت تائب
۲۰۲۴ م
تورنتو – کانادا

پایان

شایان یادآوری است از خدمات ارزشمند وکارشناسانه Barmakids Press اظهار سپاس و قدر دانی کنم که با شرایط خیلی مساعد در نشر این اثر بیمقدار همت گماشتند، بویژه جناب فرید محتاط که نگاه دلسوزانه به گسترش و تعمیم هنر و فرهنگ دارند، موفقیت های چشمگیر تری برای شان آرزو میدارم.

حشمت تائب

۲۰۲۴م، تورنتو

برای دریافت و سفارش آنلاین کتاب «نردبان مژه» و آگهی از نشر آثار جدید، به لینک زیر مراجعه کنید.

Barmakids Press

www.Barmakids.com

www.ingramcontent.com/pod-product-compliance
Lightning Source LLC
Chambersburg PA
CBHW030549080526
44585CB00012B/315
* 9 7 8 1 7 3 8 1 0 1 1 7 7 *